本書で紹介する100人の占い師は、
どの先生も確かな腕を持ち、何より、
悩み迷える相談者に寄り添い、
解決へと導く熱く優しい心を持った方ばかりです。
何かお悩みの際は、
この100人の凄腕占い師にご相談ください。

JN124639

CONTENTS

はじめに『占い師100選』を選考するにあたり協力をいただいた皆様に感謝申し上げます。

今回『占い師100選』を選考させていただくにあたり大前提の［選考条件］として

- 有料でお客様を鑑定している占い師であること
- ご自身に所有権のある占い師名であること

この2点を選考条件にさせていただきました。

有名な占い師さんでも、個人鑑定を行っていない先生は選考しておりません。
読者の皆様が鑑定していただける『占い師100選』を意識しました。

また、継続性の観点からご自身に所有権のない占い師名で鑑定している先生も
選ばない方針で選考させていただきました。
占い館やサービスプラットフォームが名前の所有権を持っている先生は、
退所・退会すると占い師名を使えなくなってしまうからです。

次に［選考基準］に関してですが下記の3点を重要視しました。

- 過去の鑑定活動実績
- ブログやSNSなどの活動と将来性
- 占いプラットフォームや占いメディアでの実績

長年の実績のある大御所の占い師だけでなくブログやSNSで活動する将来性のある
占い師も紹介できるように「世代間のバランス」を考慮しました。

また、大都市に偏らず地方都市で活動している先生も極力注目して
「地域間のバランス」も考慮しました。

最後に選考基準に「占いが当たる、当たらない」は考慮しておりません。
『占い師100選』は「当たる、当たらない」は担保しておりませんので、
そこはご容赦いただきたいと思います。

以上、簡単ですが選考の経緯を説明させていただきました。
至らない点も多いと思っておりますので、自薦他薦を含め『占い師100選』に
選ぶべき先生を御存じでしたら、是非、事務局までご連絡いただけると幸いです。

――――『占い師100選』選考委員会

占い師100選

100 best fortune tellers

001

東京都

黒門

こくもん

1958年生まれ。10代より、奇門遁甲・四柱推命・風水等の各種占術を研究。中国や韓国に渡り、現地の占術家とも交流。中国河南省の劉広斌老師や、韓国の趙宰生先生などに師事。2005年、日本テレビ「情報最前線スーパーテレビ」に出演、番組中において、その術を披露し一躍注目を浴びる。現在は、後進の指導育成にも力を注ぎ、多くのプロ風水師を育てている。「増補改訂版 成功をつかむ究極方位 奇門遁甲」（説話社）など著書多数。

【主な占術】奇門遁甲・風水・四柱推命・断易・九星等

—先生の占い師への経緯（占いとの出会い）をお聞かせください。

子どもの頃、よく当たると言われる占いの本を読むと、自分の人生は運が悪いと書かれてありました。それ以降、その悪い人生をよくする方法を求めて、当初は気学・家相・国内の奇門遁甲・風水等を中心に学び、続いて台湾・香港より書籍を取り寄せ、日本の古書等を探し求めました。そして、ついには中国本土や韓国にまで足を延ばし、現地の師について学びました。今、思い返せば子どもの頃に読んだ、あの本がきっかけだなと思います。

—先生の得意な占術はなんですか？

奇門遁甲・風水等の開運系と四柱推命・断易・九星を使った改善系の占いをメインに使っています。特に、奇門遁甲は日本・台湾・韓国・中国本土の各門派を学ぶ機会に恵まれました。風水は、八宅・玄空飛星・玄空太卦・玄空六法・陽宅三要・金鎖玉関・三合派等の門派の技法を必要に応じて使い分けています。また四柱推命と断易は、化解法という中国に伝わる改善法を指導しています。

—鑑定で特に心がけていること・気をつけていることはなんですか？

占いは診断と処方がセットであるべき、をモットーにしております。そのため、占術にかかわらず運を改善するために、気功・整体・催眠療法・NLP・漢方医学等の様々な技法を研究してきました。開運のためには占いというカテゴリーにはこだわらず、私が創始した人相を改善する開運小顔施術やチャクラ調整、ジオパシックストレスの調整、催眠療法等、多くの技法を用います。

—鑑定現場のプロとして、初めて鑑定で相談をしようとしている方へのアドバイスをお願いします。

やはり時間をかけて良い先生を探すことだと思います。占い師として日が浅いのに、たくさんの種類の占いをレパートリーとして挙げている占い師は、実力が伴わない方が多いので注意が必要だと思います。それから、開運アイテムとして高価な物を売りつける人や団体もあるようです。あまりに法外な価格のアイテムを販売しているところは避けた方が無難でしょう。

—今まで、鑑定で体験した不思議なこと、感動したことはありますか？

こういう仕事に長年携わっていますと、それなりに不思議な事や奇跡としか思えないような事とも何度も遭遇します。また質問の趣旨の感動とは違うかもしれませんが、クライアントさんから御礼の連絡をいただく度に、いまだに感動を覚えます。

—一言でいって、先生にとって「占い」とはどのようなものですか？

私は子どもの頃から、どうしたら自分の運勢をもっと良くすることができるのか、そればかりを考えて過ごしていました。そして様々な願望実現法や開運法等の研究を行い、出会ったのが風水や奇門遁甲といった開運を目的とする占術だったのです。私にとっての占いは人生を切り開く、開運のためのテクニックです。

場所／新宿区　**鑑定の申込方法**／Webのみ
WEB／http://www.kokumon.com/

002

東京都

秋山勉登務

あきやま・つとむ

1961年東京生まれ。中央大学法学部法律学科卒。十代で東洋系占術をマスターし、大卒後に西洋系占術も修得。現在使用する占術は四柱推命・気学・風水・易学・手相・人相・姓名学・西洋占星術・タロット・数秘術・ダウジングなど。多岐にわたる様々な占術を使いこなす。脳科学、心理学、量子言語学に基づくNLPの手法を積極的に鑑定に取り入れており、『知らないうちに悩みが消えた』『鑑定前にあった心苦しさが薄らいだ』などユーザーからは老若男女を問わず好評を得ている。

Tiktok並びに公式LINEにて開運情報を配信中
日本易推命学会会長
自由が丘開運学院学院長
一般社団法人　日本占術協会　常務理事・認定占術士

【主な占術】四柱推命・気学・タロット・風水・周易・手相・人相・姓名判断・西洋占星術・数秘術

——先生の占い師への経緯（占いとの出会い）をお聞かせください。

高校一年の頃、地元の本屋で『気学推命』という本に出会ったのがきっかけです。3年後にその本の著者の田口真堂先生から直接運命学を学ぶ機会をいただいて、そこからがスタートになります。

——先生の得意な占術はなんですか？

四柱推命、タロット、気学、風水、手相、人相、周易、西洋占星術、数秘術、姓名判断などですが、占う内容によって使い分けている、というのが実際です。四柱推命でまず見ていく理由は、この占術が最も人の素質を見抜くのに適しているからです。

——鑑定で特に心がけていること・気をつけていることはなんですか？

『その人にあった、その人にちゃんと伝わる話し方』で鑑定結果を伝える事。そして閉じているように見える道を開いていくための具体的な開運方法をお知らせする事です。

——鑑定現場のプロとして、初めて鑑定で相談をしようとしている方へのアドバイスをお願いします。

相談内容が具体的であればあるほど、答えが出しやすいということはあるでしょうね。ただ、頭の中がもやもやしている時でも相談の中で整理されてくるという効果もありますのでね、問題点をはっきりさせるための鑑定、という使い方もあります。そして何より大事なのは、自分の人生の主役は自分自身で、自分という乗り物の運転席に座っているのは自分で、ハンドルを握っているのも、アクセルを踏み込んだりブレーキを踏むのも『自分なんだ！』という意識は大事です。頼るのが占いだったり、宗教、神ホトケなのかもしれません。出だしはそれでもいいんですよ。ただね、『結局は自分自身なんだろうな』ということを想像でもいいから、頭の片隅に置いておいて欲しいんですね。そして、占いも、力強く人生を進んでいくための一つのツール（道具）なんだと思って下さい。

——今まで、鑑定で体験した不思議なこと、感動したことなどもありますか？または困ったことなどもありますか？

最初の頃はえらく肩に力が入ってましてね、鑑定に来た方を『この人を絶対幸せにするんだ！』みたいな妙な使命感に燃えたりしてたんですが、最近は違うんですよ。そのお客様が自分の意志で私の前に座ったわけではなく、『何か見えない存在が、その方に何かに気づかせるために私の前に座らせた』と考えるようになったんですね。そういう視点で鑑定していると、その方が私の所に来た理由が、自然とわかってきて鑑定がスムーズに運ぶという経験は多いですね。

——一言でいって、先生にとって「占い」とはどのようなものですか？

今まで過去数千年、幸せを求めて生きてきた、地球上の全人類の英知の結晶だと思っています。そんな貴重な財産が学べるんです。それなんでみんな使わないのかなあ、って思うんですよね。見てもらうばかりでなく、なんでもいいから一つ学んでみることをおススメしますよ。間違いなく見えるものが違ってきて、世界が広がりますって。

場所／目黒区自由が丘　開運占い館「エンジェルガーデン」　**鑑定の申込方法**／来店、メール、LINE公式アカウント〈https://lin.ee/vwkpPfx〉 **メール**／jiyugaoka.uranai@gmail.com　**WEB**／http://www.kotobukilife.co.jp/ または http://www.kaiungakuin.com/

003

東京都

紗亘右京

さわたり・うきょう

会員制インポートブティック「銀座リッシュ」を経営して8年目に占い師になる。著書「悔しかったら転職してみろ」2001年に文芸社より発刊。四柱推命・宿曜術・九星気学等を総合的に使って、相談者の不安解消、一歩前に進める勇気を与え、運気が好転する時期と、具体的な開運方法をお伝えします。強みは25年間にわたるブティック経営と数々転職のビジネス経験と3回の結婚も含め人間関係を活かし、20年間にわたり相談者の悩み解決してきました。

【主な占術】四柱推命・宿曜占星術・九星気学・風水・手相・姓名判断など

—先生の占い師への経緯（占いとの出会い）をお聞かせください。

手相ができる先輩に「女性と大問題が起きる」と提言され、20歳頃それがズバリ的中したことに驚きました。その後に起業し、右肩上がりの売上が6年目にダウンしたことで先々の運勢を知りたくなり、占いを勉強し始めました。最初は顧客を鑑定していましたが、口コミで新規顧客とリピーターが増え、占い鑑定ができるブティックとして25年継続しています。

—先生の得意な占術はなんですか？

東洋占術をオリジナル化して総合的に見るのが得意です。人間関係には宿曜を、運勢は四柱推命を、その人の癖は九星気学をベースにしたオリジナルな占いを使って鑑定します。世の中にある数ある占術は、必ずどれも強みがあるものです。それらを使い分けることで、相談者に納得していただけるものと思っております。

—鑑定で特に心がけていること・気をつけていることはなんですか？

相談者は不安を抱えて来店します。短い時間で一期一会かもしれませんが、鑑定後に相談者が「前向きになれた」とか「気が楽になった」と思えるような鑑定をすることに努めています。わかる言葉で楽しく理解できるように説明し、占い師に頼ることなく自分で判断できるように「心棒を立てる」ことをサポートしているつもりです。

—鑑定現場のプロとして、初めて鑑定で相談をしようとしている方へのアドバイスをお願いします。

鑑定時、緊張しているのか相談内容が漠然すぎてわからなかったり、何をメインで占うのが良いのか迷ったりすることがあります。占いは時間制ですので、もったいないことにならないよう、その点をしっかり決めてから来ていただくといいと思います。また「〜できますか、できませんか」と、現在の行動が結果につながらない状態から「できるかできないか」に限定して質問をされるのは、導き出される結果が良いものにはなりにくいと言えます。

—今まで、鑑定で体験した不思議なこと、感動したことはありますか？

不思議な体験といえば、70歳代の女性客が紹介で来店された時、5分も経たないうちに尋常ではない眠気がさしてきました。相談内容を必死で眠気に耐えながら答えた記憶があります。また感動したのは、数年間鬱状態になっていた女子大学生から手紙をいただいた時です。幼少の頃から人間関係に悩み、寂しがり屋なのに友達を作るのが苦手で孤独感に苛まれていた方が、前向きに進み学校へ行っているという内容でした。

—一言でいって、先生にとって「占い」とはどのようなものですか？

自分の人生を省みると、幼少時に病気・けが・実母の死・継母の軋轢・家族崩壊、20歳過ぎて転職16回・起業・経営・結婚3回。波瀾万丈で不幸と思う時期もありましたが、今となっては感謝しかありません。私の経験と占術をミックスして鑑定をし、相談者が前向きになるきっかけを作るのが天職であり使命だと思っております。

場所／世田谷区奥沢6-33-9　内海ビル202「フォーチュンサロン　ニュームーン」、中華街の「愛梨占い館」
鑑定の申込方法／メール予約または電話予約　**メール**／2365ukyosawatari@gmail.com　**WEB**／https://uranai-sawatari.jp

004

東京都

鳥海伯萃

とりうみ・はくすい

四柱推命を中心に東洋占術全般を研究。鑑定だけでなく弟子の指導にも力を入れ、全国に鑑定師、講師、師範を輩出。四柱推命を活用して中学や高校の生徒の個別指導を実施、また、美容師を中心とした社員研修、カウンセリングによって定着率の向上を図っている。メルボルン、アイスランド、ベトナムなど海外支局の充実を積極的に進めている。

【主な占術】四柱推命・気学

—一言でいって、先生にとって「占い」とはどのようなものですか?

四柱推命は、運気と相性を鑑定することが得意で、どの時期に何をすべきか、目標や夢を現実のものにするためにとても有効な学問です。また、相性を理解しなければ、自分に必要な人物かどうかを判断できないので、多くの人が出会いにおけるチャンスを逃しています。自分自身、四柱推命のお陰で結婚やビジネスの成功、素敵なお弟子さんとの出会い、趣味やスポーツの仲間を増やすことができました。占いが人生の全てとは言いませんが、四柱推命が無ければできなかったことは、信じられないくらい多いと思います。

—先生の得意な占術はなんですか、また、その理由を教えてください。

四柱推命です。名の知れた前世占いの先生によると、私は前世から四柱推命に取り組んでいるらしく、そのせいか、気学や易学、姓名判断などに対する理解度が格段に速く、どこか懐かしさも感じます。四柱推命は個人だけでなく、企業や地域での応用が可能で、計り知れない可能性を感じるので、私自身魅力を感じています。また、帝王学でもあることから、企業のオーナーやアーティスト、スポーツ選手の相談依頼も多く、四柱推命がキッカケとなって質の高い人脈を築くことができるのです。

—鑑定で特に心がけていること・気をつけていることはなんですか?先生の占いポリシーを教えてください。

鑑定は、言わば「人生応援業」だと思っていますので、四柱推命を活用して、必ず相談に来られる人の悩みを解決するか、夢や目標の達成に向けて全力で取り組むようにしています。天中殺や晦気、天剋地沖などピンチの時期の過ごし方、相性の悪い人との関り方など、トラブルを最小限に食い止めることができるようにアドバイスいたします。四柱推命で導き出した宿命が、その人の人生を必ずプラスになるように、サポートしていきたいと常に考えています。

—鑑定現場のプロとして、初めて鑑定で相談をしようとしている方へのアドバイス(よりよく鑑定を受けるためにはなにをどうしたらいいか)をお願いします。

ご縁があって鑑定師と出会っているので、正直に悩みや問題を打ち明け、自分なりの欠点や弱点を話していただきたいと思います。占いは万能ではないので、占いがキッカケとなって人生の課題を解決するための具体的な活動に繋がればと思うのです。鑑定師との出会いが大きく人生を変え、事業で成功したり、恋愛が驚くほど上達したりする人の共通項は、素直であること。謙虚な態度や素直な気持ちを取り戻していただければ、人生は何倍も楽しめるはずです。

場所／新宿区高田馬場3-8-17　**鑑定の申込方法**／メールにて対応
メール／hakusui@xb3.so-net.ne.jp

005

東京都

スピリストゆうたろう

1970年千葉県生まれ。成田山新勝寺のお膝元で育ち、幼少の頃から優れた霊感力を発揮。ある日「あなたは自分の霊格の高さを自覚し、その力（菩薩力）を人のために使いなさい」との助言を受け、15才の頃よりカードを通してメッセージを伝え続ける。サンフランシスコへの音楽留学を経て、ものまね芸人「ゆうたろう」として芸能界デビュー。芸能活動の合間にも鑑定を行い〝芸能界の駆け込み寺〟とも呼ばれている。

【主な占術】ブレッシングカード（直筆オリジナルカード）・タロット・四柱推命・九星気学

―先生の占い師への経緯（占いとの出会い）をお聞かせください。

5～6歳ぐらいの幼少期から霊的なものは視えていて、母親・父方の親戚のおばちゃんも成田山新勝寺ではとても有名な占い師だったのです。中学生の時、ある先生から「あなたは自分の霊格の高さを自覚し、その力（菩薩力）を人のために使いなさい」との助言を受けたことがきっかけで、本格的にタロットを始めました。石原裕次郎さんのモノマネでメディアに出させていただいており、ご本人がお亡くなりになった52歳を迎えた頃に占い師という顔を表に出したので驚かれますが、実は占歴35年と長いのです。

―先生の得意な占術はなんですか、また、その理由を教えてください。

僕は「ブレッシング鑑定」と呼んでいますが、一概にいえばあらゆる占術のフィルターを通した霊視タロットです。カードは僕自身が作ったブレッシングカードを使用しています。ブレッシングカードは22枚の言葉を作ってまとめた日本版タロットです。陰陽を含め、木火土金水（五行）のどれを必要としているかを見極めるというようなカードで、土偏（つちへん）があり、風構えがあり、水偏（さんずい）があり、5つの言葉に分けて、その上に閃きと意味合いを兼ねた言葉を重ねています。四柱推命でできた運気・十二支、五行などの流れも全部汲んだ上で、出てきたカードとその人の性格も合わせ、全部を連動させ鑑定しています。

―鑑定現場のプロとして、初めて鑑定で相談をしようとしている方へのアドバイスをお願いします。

占いは知ることです。不安になったり悩んだりする事は、生きていく上では当たり前のようにあることなので、それをきちんと解決していけば良いのです。「解決していくためにはどうすればいいか」を知れば良いだけの話なのです。世の中で誤解されているかもしれないけれど、占いは学問、統計学です。占いを受けられる方も占いの認識をもう一度見直して「占いは知ることだ」と理解して鑑定を受けて頂ければ、数倍人生に好影響を与えてくれると思います。そして鑑定が始まったら「恥ずかしがらず・恐れず・正直に」話すことが大切です。

―一言でいって、先生にとって「占い」とはどのようなものですか？

僕にとって占いとは「大難を小難に、小難を無難にするためのツール」であり「自分自身を知るためのツール」です。誰でも、耳が痛い話を聞くのは嫌なものですが、仮に結果が良くなかったとしても、知っておくことで心構えや対策が出来ます。そして、風の時代だからこそ、何よりもまず自分の存在を認めるところから始めていくべきと思っています。自筆の「ブレッシング（祝福）カード」はそうした思いから出来上がったカードでもあります。

場所／東京　**鑑定の申込方法**／公式Webサイトより
WEB／https://www.yutarou.net/#telling

006

東京都

御母衣珠壽

みぼい・じゅじゅ

生まれながらに霊媒師となり39年、政界や芸能界からも鑑定依頼があり、ラジオ出演や雑誌取材などを受け、大手の電話占い会社、占いの館からもオファーがあり在籍中は、予約満了の人気占い師として活躍。池袋にて一般社団法人占猫 天宝三日月にて対面・電話鑑定、各占い認定養成講座を開講中。

【主な占術】霊視・霊聴・霊障・霊符・護符・波動修整・故人交信・交霊・神霊交信・守護霊交信・魂との対話・前世 過去世・動物対話・先祖供養・除霊・浄霊・未来予知・パワーストーン・行方不明者捜索・土地建物鑑定

—先生の占い師への経緯（占いとの出会い）をお聞かせください。

私は生まれてから霊を日常的に視ていました。母からはいつも『そんな人どこにもいないわよ』と、言われてきましたが、私には現実の世界と同じ空間で視え亡くなった方々と会話をしていました。

小学生の頃には周囲の方々から相談を受け、17歳の時に建築関係の方にある場所を視て欲しいと依頼されて鎮め、その後に繋げたことで霊媒師となりました。

—先生の得意な占術はなんですか?

私の鑑定は、道具（写真・カード）や占術（誕生日）は一切使わず、ご本人の魂を繋ぎ相手の方の心の中も視る霊視のみでの鑑定となります。

守護霊様や御先祖様の魂を繋ぐことで、今世の生まれてきた課題や目的、前世、過去世で生き方や、今後の未来での出来事も視てお伝えします。

交霊では亡くなった方との魂をお繋ぎしお話させて頂きます。動物との会話も可能です。

—鑑定で特に心がけていること・気をつけていることはなんですか?

ご相談者様の心に寄り添い、最後までお話をお聞きする事をとても大切に考えております。その場だけの答えを導き出すのではなく、本来の生き方や過去世での因果関係なども確認をし、何が問題となっているのかを視させて頂きます。

また今後の未来への道標としてしっかりとサポートさせて頂きたいと思っております。

—鑑定現場のプロとして、初めて鑑定で相談をしようとしている方へのアドバイスをお願いします。

相談したい内容をまとめておかれると良いかと思います。

具体的な時期や、誰と何があったのかを順にメモに書いてお話し頂けると、鑑定師も理解しやすいと思います。

相談内容にて占術の異なる鑑定師を選ぶのも良いかと思います。

まずは気になった鑑定師へ緊張せずリラックスして、ご相談頂けると良いかと思います。

—今まで、鑑定で体験した不思議なこと、感動したことはありますか?

ご主人様を亡くされた奥様と娘様から、魂を繋いで欲しいとの依頼があり視させて頂くと犬が駆け寄り奥様の元へ／ご主人様と愛犬ちゃんの魂から、愛犬ちゃんとの散歩中に事故に遭われ何があったのかをお伝えしたところ、事故を目撃させた方と同じ内容でしたので納得されました。

—一言でいって、先生にとって「占い」とはどのようなものですか?

私にとって『占い』とは、魂と魂の繋がりを紐解き結ぶのが役割であり、私の生きる道標なのだと思っております。

霊媒師である私にしかできないこともあるのだと実感した時、占いの世界で生きることがとても意味のあることだと理解いたしました。

これから先も、皆様と共に歩んでいきたいと思うと同時に、志が同じ占い師の方々をサポートし応援して行きたいと思っております。

場所／豊島区東池袋1-33-3 池袋シティハイツ408　**電話**／03-6755-5475　**鑑定の申込方法**／HP、メール
メール／j.fairygarden@gmail.com　**WEB**／https://www.lalunagatto.com/

007

東京都

川山雲鶴
かわやま・うんかく

過去世を知ってから、人生観が変わり始めました。16歳の頃の不思議な体験が、すべてに繋がっております。人生観など、お話し出来ればと思います。物の大切さについて、形見として、祖叔母が残してくれた時計があります。これも、私の祖叔母に対する愛情に思います。人格形成にかなり存在感が強く残っています、幼少の私を常に甘えさせてくれました。安寿と厨子王の話が彼女の中にあったのだと思います。

【主な占術】四柱推命・金函八鏡方位術・タロット占い・手相・霊視・過去生・守護霊・守護神・除霊・浄霊・霊符・アイテム鑑定・オーラ診断・波動調整

―先生の占い師への経緯（占いとの出会い）をお聞かせください。

私の場合、自分探しの期間が10年以上、ありました。

何になろうと、あぐねいて、結果として三方良しの占いにたどり着きました。

友人に裏切られ。他人に騙されました。5000万円を超える借金がありました。

ケーブルTVが私の救いです。10年近く営業をしていました。

町の占い師のもとに行き、私は越谷に縁があるから行くようにいわれました。

そこからわかってきた事がでるわでるわ、前世のこととある神社に縁が深いこと、越谷神社の絵まで描いてくれました。

もうそれこそ、神様のりょういきですね。

占い師が切っ掛けに成ったのかもしれません、目に見えるもの5%、95%は目にはみえない縁があることを知りました。

―先生の得意な占術はなんですか？

四柱推命、霊視、タロットカード。卦です。

王道な四柱推命は知らないで占い師はできません、もともと霊感があったことは、家系なのかもしれません、どちらにせよ、神様に使える仕事をすれば幸せになれると思っていました。

ですから、なんでも吸収しました、でもあくまで、直観です。直観が一番です。

―鑑定で特に心がけていること・気をつけていることはなんですか？

心がけていることは、お客様の未来に見えることをお話します。ですから何度も聞かれても多少違うかと思います。ポリシーなんてかっこいいものではありません。そこから、5割でも当たれば正解だと思います。しかし、あたっています。

―鑑定現場のプロとして、初めて鑑定で相談をしようとしている方へのアドバイスをお願いします。

悩みは人それぞれかと思います。あくまで目安です。

何かのきっかけになれば幸いかと思います。

―今まで、鑑定で体験した不思議なこと、感動したことはありますか？

フシギナ体験はいつも突然やってきます。

ですから、生きていれば、何とかなるものです。

―一言でいって、先生にとって「占い」とはどのようなものですか？

道しるべや羅針盤ですよね、人生という道に迷うことがしばしばありますが。

負けないように努力することです。

場所／台東区浅草2-17-10　上村ビル6F　**鑑定の申込方法**／電話
電話／090-6026-1457

008

東京都

美槻衣伽

みづき・よりか

1972年生まれ。黒門氏に師事し、中国伝統の占術を学ぶことに楽しみを覚える。当てるだけの占いではなく、風水鑑定に様々な術を重ね、持って生まれた運命を変えて運気を上げる総合的な開運術こだわり、即効性と効果を実感できる方法でオフィスや自宅に良い運気を呼び寄せ良い流れを作り、仕事運・金運・健康運など全体の運気を上げ、売上を上げて経営を改善させる企業・経営者専門の風水師として様々な改善や問題の解決を行っている。

【主な占術】中国伝統の風水・四柱推命・奇門遁甲

―先生の占い師への経緯（占いとの出会い）をお聞かせください。

自分自身の運気を改善するために、母からの勧めで占い師のアドバイスを受けたことが始まり。しかし、数人に相談しても何の解決法も得られないことに違和感を覚え、自ら占いの勉強を始めました。黒門氏に師事する中で、即効性のある運を上げる方法を知り、面白さ・楽しさ・喜びを覚え魅了され現在に至ります。

―先生の得意な占術はなんですか？

風水・四柱推命・奇門遁甲。中国では、1に命運、2に大運、3に風水と言われています。命運と大運は生年月日と出生時刻で決まるため、生まれ直さない限り根本的に変えることができません。しかし、風水は1から自分自身で選ぶことができ、四柱推命は命運と大運を底上げすることが可能です。そして奇門遁甲は風水の奥義と言われ、さらに運を上げることができる術です。この3つの占術を合わせることで、運の改善に即効性が生まれ確実に運の底上げができます。

―鑑定で特に心がけていること・気をつけていることはなんですか？

相談者様の悩みや不安をしっかりとヒアリングしたうえで、カウンセリングと改善策をご提案いたします。自分次第で運を変えられること、明るい未来は必ず自分自身で作ることができるという事実を知っていただき、前向きに楽しく開運していただけるように心がけています。ご自身の運をしっかりと理解し、貪欲に運を上げる努力をしてくださる方には、惜しみなく全力でサポートさせていただいております。

―鑑定現場のプロとして、初めて鑑定で相談をしようとしている方へのアドバイスをお願いします。

住んでいるご自宅やオフィス、お悩みや相談内容によって、使用する占術も処方もアドバイスも変わってきます。ありのままをお伝えいただくことで、もっとも合った処方やアドバイスを行うことができます。ご自身が話しやすそうと感じる方に鑑定をお願いし、思っていることや感じていることなどを素直にお伝えいただくことが大切です。

―今まで、鑑定で体験した不思議なこと、感動したことはありますか？

場の運気をパワーアップする風水グッズを、オフィスの中で風水の一番良い場所に置いていただいた5分後に相談者の携帯が鳴り、今までいちばん大きな仕事の依頼があったこと。ご自分の部屋のベッドで一度も寝なかったお子様のベッドに処理を施していただくようメールでお伝えしたところ、「言う通りにしたら息子がベッドで寝てます！」と30分後に連絡が入ったこと。

―一言でいって、先生にとって「占い」とはどのようなものですか？

運命の道標であり処方箋。持って生まれた運命は生まれ直さない限り変えることができませんが、占術で自分自身の運命の道筋を把握し、しっかりと認めて受け止めることで、運の調整を行いながら人生を歩むことができます。私自身に悪い運が巡ってきた時期、私を苦しみから救い、現在と未来に光を与えてくれたものです。

場所／新宿区　**鑑定の申込方法**／ホームページの鑑定申込フォームよりお申込
WEB／https://mizukiyorika1680.com/

009

東京都

侑樹広美

ゆうき・ひろみ

人間の生老病死や宇宙の本質を知りたくて人の運命や占いに興味を持ち、東洋占術を学ぶ。2か所の学校で四柱推命、気学、易学、風水、手相人相、姓名学、タロット、カバラ、西洋占星術等、講師過程を含む全過程を共に修了。占い以外ではレイキヒーリングはサードまで修了、日本霊氣は師範、YM心理センターでは催眠術を修了。現在、「真瞑想占」配信中。鑑定歴は24年。日本易推命学会正会員、太極運命術学会会員、日本易学協会会員。

【主な占術】スピリチュアルタロット・四柱推命・易学・姓名易学・気学・風水・カバラ・ゲマトリア・人相・手相・宿曜・オーリング・フーチ

—先生の占い師への経緯（占いとの出会い）をお聞かせください。

以前から神秘世界の情報を知りたくて、占い師になれる学校を探しておりました。タイミングよく自由が丘開運学院の秋山勉唯絵先生がテレビに出演なさっており、この先生の学校に入りたいと思い入学致しました。その後に紅鳳学園でも学び、この2つの学校で得た知識を占いで活用しております。

—先生の得意な占術はなんですか？

スピリチュアルタロットや四柱推命、気学、易占等を使い立体的にして占うことです。あらゆる物事は五行の生剋からの影響を受けています。五行の生剋が物事の吉凶を決めるならば、逆に五行の生剋で物事の吉凶を変えることもできるのです。運命を占い凶と出た結果をそのまま受け入れていくなら、占いは無意味なものとなります。タロットや易も、改善できるから好きなのです。

—鑑定で特に心がけていること・気をつけていることはなんですか？

相談者の心を癒すことだと思っております。占いは人々の不安を取り除くためにあると思います。その人を救おうと思ったら、未来に希望を持たせるために占うことが大切です。また、占いの吉凶を伝えるとともに、アドバイスにより損や災いを回避させるなど、相談者の方を良い方向に導いていきます。

—鑑定現場のプロとして、初めて鑑定で相談をしようとしている方へのアドバイスをお願いします。

ご相談者の質問には、その人の言葉以上の期待感があると思います。やはり、良い言葉を聞きたいはずです。ご相談者が安心してお話しできる雰囲気づくりを致しますので、何を最初に聞きたいのか、本当に占ってもらいたいことをお話しください。肝心なことを後回しにして、鑑定時間が終わりに近づいた時に「実はこれが聞きたかったのです」と言われることもあります。心を込めて鑑定致しますので、リラックスしてくださいね。

—今まで、鑑定で体験した不思議なこと、感動したことはありますか？

以前、社長の愛人という方が来られたことがあります。社長から「手切れ金をあげるから別れてくれ」と言われ、この女性も別れてもよいと思ったそうですが、いきなり言われたので少し不満とのこと。「この金額で手を打ったほうがよいですか？」と聞かれて占ったところ、「もう少し取れる」と出ました。「数百万円は上乗せして支払ってもらえる」「言い方に気をつけて、やさしく言ってください」と伝えましたら、「すぐに支払ってもらえた」と大変喜んでいらっしゃいました。

—一言でいって、先生にとって「占い」とはどのようなものですか？

占いをするのは、自分が幸福な人生を送るためです。占いで吉と出ればよいですが、凶と出た時は不運を回避するために様々な方法を使って改善します。占いが当たるか当たらないかではなく、ご相談者の心を癒して未来に希望を持ってもらうために占うことが大切だと思います。「大丈夫です」という力強い言葉が、特には必要なのです。

TAROT

場所／目黒区自由が丘1-25-5　**鑑定の申込方法**／対面鑑定は「エンジェルガーデン」までお越しくださいませ。ガーデンにてTEL鑑定もあります。　**電話**／0120-518-015　**WEB**／http://charge-fortune.yahoo.co.jp/tel/yhyuki

010

東京都

希吹青花

きぶき・せいか

鑑定歴20年、占術について常に研究・勉強しブラッシュアップを続ける本物の占い師だと自負しています。「答えが見つかる、愛のある鑑定」を理念に、コミュニケーションを大事にして愛を持って読み、伝えます。占術的には『心の奥を見透かす透秘占術』と題して様々な占術を駆使して占っています。相談内容は多岐にわたっていますが、得意な相談内容は、原因から現状、未来の状況、人間関係、ママ友、仕事、性格、性質、時期、方位、方角、恋愛相談、不倫、三角関係、気持ち、などです。ほんの少し視点を変え、意識を変え、行動を変えれば　おのずと未来は変わります。私の人生も波乱万丈でしたが、皆様のお悩みに少しでも寄り添い、解決の糸口を見つけられたらと、誠心誠意鑑定させていただきます。

【主な占術】西洋占星術・四柱推命・九星気学・方鑑学・タロット・易・風水・手相・人相・姓名判断

—先生の占い師への経緯（占いとの出会い）をお聞かせください。

　私が占いを始めたのは20代前半の頃、占い師の方から「占いの仕事があっているから、占いを勉強しなさい」と言われたことがきっかけで占いの勉強を始めました。老舗占い館「塔里木」で守信章夫先生に師事し西洋占星術・タロットを勉強しました。その後大阪へ転居し、アレクサンドリア木星王先生に認められ占い師デビュー。魔女の家で占い師として鑑定をしながら、タロットの手解きをして頂きました。そして東洋占術の基礎を自由が丘開運学院で学び、師匠 秋山勉唯絵先生からは「占いは心の栄養剤」というお言葉をいただき今の私の占いの基本理念となっています。

—先生の得意な占術はなんですか？

　ご相談の意図を深く理解し、その相談内容に応じて、西洋占星術・四柱推命・九星気学・方鑑学・タロット・易など多岐に渡る占術を組み合わせて占っていきます。

—鑑定で特に心がけていること・気をつけていることはなんですか？

　「コミュニケーションを大事にし、愛を持って読み、伝える」ことです。
　まず、自分の固定概念や価値基準を混じえないように、鑑定の内容に忠実である事を意識しています。鑑定では、良いことも悪いことも伝える必要がありますが、お相手の方が、それをきちんと受け取っていただけるように伝えることが大切です。

—鑑定現場のプロとして、初めて鑑定で相談をしようとしている方へのアドバイスをお願いします。

　占いは占的といって相談の内容が具体的であることがとても大事なことで、相談内容が曖昧だと答えも曖昧になってしまいます。特に視て欲しいことが無い場合は、ご相談者様の資質や性格、適正、行動傾向、運勢、未来に起こり得ること等を主に視ていきますが、何を一番知りたいかを明確にしていただくと答えも明確に出ます。

—今まで、鑑定で体験した不思議なこと、感動したことはありますか？

　「笑顔で帰って行かれると、やって良かったと実感」します。ご相談に来られた方、特に初めて来られた方は、入ってきた時の表情は暗かったり硬かったり、中にはトゲトゲした様子で来られる方もいらっしゃいます。わざわざ来られるくらいですから、気持ちに余裕がないのでしょう。お話を伺いつつ占いを始めると、絡まった糸が少しずつ解れていきます。ご本人の気持ちだったり、気付いていなかったことや視点が見えてくるようです。そうすると、ご相談者様の表情や話し方も変わってきて、明るくなるんです。「ああ、スッキリした」「やっとわかった」「来てよかった」と言って、憑き物が取れたように笑顔で帰って行かれると、私もホッとします。

—一言でいって、先生にとって「占い」とはどのようなものですか？

　私にとって占いは、自分の手足のようなもの、より人生を有効にしていくために使う「魔法の杖」だと思っています。学ぶことも楽しいですし、それが誰かのお役に立てるならとても幸せなことと思っております。ただ占うだけではなく、より良い方向へ導けるよう、その方法も含めて常にアップデートに努めています。

場所／「星の降る家」東京都目黒区中目黒1丁目（予約成立した方に詳細住所を連絡しております）
鑑定の申込方法／希吹青花ホームページのお問合せフォームから予約　**WEB**／http://www.seika-kaiun.com/

011

東京都

わそうび

30代の時、法人企業・外食産業会社を設立し、女性起業家として代表取締役社長を経て、現在は占術研究家（日本易推命学会　占術士・日本占術協会　認定占術士）として、特に起業家育成や女性の魅力を輝かせる活動に取り組んでおります。八王子FM「倖せジュエリー占い」出演中。「自由が丘開運占い館　エンジェルガーデン1号店」で鑑定中。その他、大手企業提携5社「電話占い＆LINEトーク占い」姓名占い・Yahoo！占い「何を占わせても叶う＆当たる　プロも神認定アプリ」。

【主な占術】易学・四柱推命・風水・九星気学・手相・人相・タロット・筆跡鑑定・姓名判断・ジュエリー占い・エゴグラム

—先生の占い師への経緯（占いとの出会い）をお聞かせください。

私が起業した時に知り合いの占術家に鑑定していただき、それ以来は方位や運気などを相談していました。経営者にとって運気や方位は大事な要素でした。その後、重い病から奇跡的に助かり、趣味として占いの勉強に行った先が自由が丘開運学院。そこから第二の人生が始まりました。生き返った命で社会に役立つ人間となりたいと切に思い、身の丈に合ったやり方で鑑定士をやらせていただいております。

—先生の得意な占術はなんですか？

ご相談者の命式を出し、九星気学や四柱推命にて運気、そして性格を理解していただきます。また手相・人相も取り入れ、今後の決断や未来には、東洋タロットで最後に理解していただきます。

—鑑定で特に心がけていること・気をつけていることはなんですか？

ご相談者の悩みを理解すること、行動してきたことを認めてあげることに徹します。そして、占術で答えを引き出します。また、私が今まで培ってきた経験や人脈を紹介することも致します。ご相談者の身になって、その方の人生を預かった気持ちで、責任をもって鑑定に臨んでいます。それには私自身も恥ずかしくのないライフスタイルで、しっかりとした生き方を心がけています。

—鑑定現場のプロとして、初めて鑑定で相談をしようとしている方へのアドバイスをお願いします。

鑑定士を試そうとしないで、相談内容をなんでも素直に話してください。私は必ず最後まで否定せずに聴くことに徹していきます。そして、鑑定した答えをなるべく素直に受け止めていただき、アドバイスの内容にチャレンジしてみることが大切ですね。きっと、ご自身の可能性が大きく変わり、明るい未来が開けていきます。お話しすることで気持ちが軽くなることもあります。おしゃべりする感覚でお気軽にご相談ください。

—今まで、鑑定で体験した不思議なこと、感動したことはありますか？

大手企業の外資系で働くOLの方のご相談です。どうしてもトップである経営者とうまくいかず、退職をしたいと望んでおられていました。運気とタロットで出た鑑定は「経営者が退任するから退職はしばらく待ちなさい」というもの。そう言っていた矢先に、不祥事で経営者が退任。その方は、今ではいきいきとそこで働いています。彼女の笑顔が見られて、本当に嬉しかったです。

—一言でいって、先生にとって「占い」とはどのようなものですか？

人生において悩みや迷い、不安な気持ちを抱いた時、アドバイスや背中を押してくれるヒントがあれば、グッと幸せな人生をおくれるものです。占いに頼ることを知っていれば、興味を持っていれば、きっとアクシデントが起きた時に防げることもあります。自分自身の運命を知り、運勢をみる良いチャンスです。占いをもっと身近にプラスして、人生に役立つ自分らしい幸せを発見してみましょう！

場所／目黒区自由が丘1-31-8　「自由が丘開運占い館　エンジェルガーデン1号館」（毎週火・木曜日）　**鑑定の申込方法**／対面鑑定なので予約または店舗直接来店　**電話**／03-5701-3239　**メール**／yoshie@wasoubi.jpcom/　**WEB**／https://www.wasoubi.jp/

012

東京都

妃ジュエル

きさき・じゅえる

西洋の占いを得意とし、特に太陽や月の持つエネルギーや宇宙の神秘性に魅了され、人の生まれ持った「エネルギー」、「運命・宿命」や「光り輝く個性」を読み解く能力を得る。大手の保険会社や都内高級ホテルでのイベントに出演し、年間約2,000人以上を占う。現在の鑑定数は30,000人超え。雑誌ananや占いメディアへも取り上げられ、AbemaTVやテレビやラジオ、YouTubeなどに出演。

【主な占術】西洋占星術（心理占星術・スピリチュアル占星術）・スピリチュアルタロット

—先生の占い師への経緯（占いとの出会い）をお聞かせください。

幼少の頃から「占い」や「宇宙」などに興味を持ち影響を受けました。社会人となり、独学で得た知識で知人達を占うようになりました。

人生の岐路に立った時に、ある方から言われた言葉を思い出したのが占い師になるきっかけです。「天職だから占い師になりなさい」と。その後は陰陽師の家系の方などに導かれ、占い師として本格的に活動を始めることになりました。

—先生の得意な占術はなんですか？

西洋系の占術が好きです。プロの占い師を目指して学び始めたとき、西洋占星術とタロット占いは馴染みがあったのですが、学び始めて興味を持ったのがルーン占いと数秘術でした。「しっくりくる」「浸透してくる」という感覚だったのがこの4つでした。

FORTUNE

TAROT

SIGN

西洋占星術、タロット占いは占っているととてもスピリチュアル力を刺激され、具体的なビジョンにたどり着きます。

—鑑定で特に心がけていること・気をつけていることはなんですか？

私の鑑定の主軸は、ご相談者様が「どうしたいか？」「前へ進める為の導き」です。占いは結果が全てではありません。望んだ未来へ進むための「ヒント」や「気づき」です。セッションしながら得たことに基づいて「何をすべきか？」を絞っていきます。少しでも前へ進めるよう、ご相談者様と二人三脚で寄り添った鑑定を心がけています。

—鑑定現場のプロとして、初めて鑑定で相談をしようとしている方へのアドバイスをお願いします。

「占い」は様々な占術があり、それぞれに特徴があります。相談内容に合った占術や鑑定法を選ぶと良いのですが、占いの基礎知識がない場合には「命術」は必須。そして「卜術」または「相術」のどちらか。2つ以上の占術を扱える占い師を選ぶと質の高い鑑定をしてくれるでしょう。

—今まで、鑑定で体験した不思議なこと、感動したことはありますか？

辛く絶望している相談者様と私の波動と繋がると、波動が変わり希望が見え、気づきを得ることで必ずポジティブなご報告を頂くのは不思議です。

困るのは、ご相談者様がネガティブな結果を受け入れられず、鑑定結果を否定され鑑定が先に進まないときです。占いは結果が全てではなく、それにどう対策するかの方が重要なのですが…。

—一言でいって、先生にとって「占い」とはどのようなものですか？

占いとは「人生を豊かに過ごすためのツール」です。占いの結果に一喜一憂するのではなく、占いを使って未来を切り開いていくのが望ましいと感じています。つまり、占いが未来を創るのではなく、あなたの意志が未来を創るので、あなたの望むもの、得たいものへ辿り着く方法を占いから得てください。私にとって「占い」は、「ご相談者様と二人三脚で切り開いていくためのツール」です。

場所／品川区東五反田5-28-11-401　クレール五反田　**鑑定の申込方法**／ホームページよりネット予約
電話／03-5447-5667　**WEB**／https://barairo-uranai.com/

013

東京都

鼎 絢子

かなえ・じゅんこ

東洋占術家。3万人を超える鑑定実績で政治家、経営者、大手企業、銀座クラブのオーナーなど政財界の著名人からの信頼も厚い。女性では珍しい易を学び、人生の吉凶や陰と陽の側面、自然界のパワーを追求。そのライフスタイルが多くの人々の共感を呼び、Instagramでは29万人強のフォロワーを獲得。海外留学やパワースポットを巡る旅の経験も踏まえた開運上昇や運気上昇のアドバイスも大好評。伏見稲荷大社 名誉講員。

【主な占術】霊感霊視・神亀占い・式神占・周易・イーチンタロット・ルノルマンカード・観相・手相・姓名判断

—先生の占い師への経緯（占いとの出会い）をお聞かせください。

私は秋田出身で曾祖母が霊能者でした。その血を強く受け継いでいるのかもしれません。

小学生の頃に書店でタロットカードを手にしたのが最初の出会いで、多くの友達も占いました。

卒業後に銀座ホステスとして働いていた時には経営者の方や政治家の方々の誰にも言えないお悩みを個人鑑定で受けておりました。

銀座ホステスを卒業した後は個人鑑定や企業様のイベント等、対面鑑定と電話鑑定をしております。

—先生の得意な占術はなんですか？

卜術、モノを使った占いが得意です。タロットはもちろんですが、神亀占いや式神占です。インスピレーション1、2秒で答えられます。鑑定では周易をメインに使っていますが、周易の素晴らしいところは吉凶がずばりはっきり出るところです。

—鑑定で特に心がけていること・気をつけていることはなんですか？

占いとは幸せになるためのツールですので、その道具を適切に使うことが必要ですし、それが占い師の責任です。

私の占いのスタンスは占断結果をごまかさずに伝えることです。お客様にははっきり言って欲しいし、私自身がはっきり伝えたいからです。厳しい結果でも、それをお伝えします。占断を歪めるのは占いに対する冒涜です。もちろん厳しい結果に対してのアドバイスもしっかりとお伝えします。

これからも占いに対して真摯に取り組みたいと思っています。

—鑑定現場のプロとして、初めて鑑定で相談をしようとしている方へのアドバイスをお願いします。

タロットなどの卜占は質問内容が具体的なほうがより分かりやすく出ますので、前もって何を？どうしたいか？質問も明確だと良いですね。また現状に迷っているような事柄でしたら今、ご自身に必要なこと、どうするべきかアドバイスを聞くこともできます。

—今まで、鑑定で体験した不思議なこと、感動したことはありますか？

リピーターの方で、1時間の依頼を受けて鑑定時間は10分だけ、残りの50分は世間話をしましょうというお客様。残りの50分、ただ会話をしているだけで、本当に鑑定しなくてもいいのかな？と申し訳なく困ってしまいます。また電話鑑定ではカードに一度も触ることもなく3時間、会話だけで終わってしまうお客様もいらっしゃいます。

—一言でいって、先生にとって「占い」とはどのようなものですか？

占いとは不安、悩み、何が正しいのかわからないことがあったり…または自分を変えたい！とか。そんな方々の手助けとなって少しでも良い方向へ導かれることを念じながら、私も導かれるのです。運命は変えられます。独断専行の前に心の扉を開いてください。きっと力になれることをお約束し誠心誠意でお答えします。人生のお手伝い…鼎絢子にお任せください。

場所／東京　**鑑定の申込方法**／SNSにて　**Instagram**／@junkokanae_official

014

東京都

麗珠
れいじゅ

幼少の頃より視えない存在達と会話し、現実の世界では紆余曲折の経験を重ねる。社会人としてキャリアを積む生活の中で、高次の存在から啓示を受ける。守護霊である前世のシャーマンや陰陽師たちと繋がり、霊感霊視霊聴、チャネリングの力が更に高まり、占い師へと導かれる。現在は対面鑑定、電話占い会社へ所属し常に予約の取れない人気占い師として活躍中。相談者の過去世が視えることからツインレイ鑑定を得意とし、式神使いとしても人気を博す。

【主な占術】霊感霊視霊聴・チャネリング

—先生の占い師への経緯（占いとの出会い）をお聞かせください。

物心ついた頃より視えない存在たちと会話をしておりました。

長く難しい時期を送り、人生が軌道に乗り始め安定したところ、現実とは逆に、魂の中では非常に生きる事へ虚しさを感じる日々を過ごしていました。

ある日突然、今まで聴いたことのない存在から啓示を受け、視える世界、聴こえる世界が更に一転しました。

そして、個々の方の心のお悩みをサポートすることが、わたくしのやるべきことと一瞬で受け入れた形です。

—先生の得意な占術はなんですか？

霊感霊視霊聴、チャネリングです。

鑑定中にご本人の守護霊の方、更にお相手の心の奥の声、そしてお相手の守護霊の方へとコンタクトし会話をします。そして更にわたくし自身の中へ、未来へのメッセージや解決法が聴こえ降りてきます。わたくしの守護に陰陽師がおりますので、願望成就を妨げる抵抗や、わだかまりを解除解放致します。前世が視えることからツインレイ鑑定も得意とします。

—鑑定で特に心がけていること・気をつけていることはなんですか？

お悩みの解決はもちろんですが、本来のクライアント様らしい健やかな心の状態、様子に戻っていただくことです。思いを叶えていただくために、わたくしを信頼し、お心を開いても良いと思っていただけるよう、愛を持ってサポートすることを常に心掛けております。

心の痛みが大きくなっていらっしゃる方の不安や怒りを解除解放する事も行います。

—鑑定現場のプロとして、初めて鑑定で相談をしようとしている方へのアドバイスをお願いします。

不安や悲しみのお気持ちの中でも、思い切ってご相談いただきたいと思います。あなたが前を向き始めた証拠です。お気持ちをお話し下さる中で、お悩みの糸口が視える事が沢山あります。苦しみ悲しみの中でも、少し前を向いて、ご相談にいらしていただきたいと思います。

—今まで、鑑定で体験した不思議なこと、感動したことはありますか？

不思議な事も、感動したことも沢山ありますね。

初めての方の守護霊の方から「あなたに(私)に伝えて欲しいことがあって今日ここに彼女を連れてきた」と言われる事は度々あります。信頼していただき有難いことです。

また、鑑定中に頑なだったお相手様の心の内側の声が、鑑定を進める中で穏やかに変わっていく事も多いです。

—一言でいって、先生にとって「占い」とはどのようなものですか？

大げさかもしれませんが、わたくしにとっては仕事という範疇を超え、生き甲斐のようなものです。

クライアント様にとっては、お悩みが深ければ深いほど、ご自身を見つめ直すきっかけにもなるでしょう。そして腑に落ちたのであれば、更に人生を良き方へお進めいただけたら嬉しいですね。

場所／電話占いニーケ　**鑑定の申込方法**／WEBサイトよりお願い致します
WEB／https://niikee.jp/fortuneteller/n505023/

TAROT

FORTUNE

SIGN

015

東京都

藤本由加

ふじもと・ゆか

子供の頃から人を触ると感情や考えていることを感じてしまい触るのが苦手でした。人ごみに行くと手足が激痛を感じることもあり、神様に祈ることで激痛はなくなったのですが、不思議な力や直観力も衰えていきました。虐待克服、殺されそうになったのを回避、離婚、再婚、難病克服など様々な苦労を経験して再び霊能力が戻りました。幼い頃からの希望だったカウンセラーを目指していたら、いつのまにか占い師になっておりました。

【主な占術】霊感・霊視・透視・霊聴・守護霊対話・浄霊

—先生の占い師への経緯（占いとの出会い）をお聞かせください。

臨床心理士になるため大学で心理学を学びました。しかし、感情移入し過ぎてしまいフラットに話を聞けないので、カウンセラーの道を断念しSEになりました。

10年働いて、本当にやりたかったことはこれじゃないと気付き、起業するためにココナラで占いを始め、すぐにTOP10に入るようになり、今は自分のサロンで芸能人やメダリスト、経営者、主婦や精神疾患の方まで来て頂けるようになりました。

—先生の得意な占術はなんですか？

霊感・霊視・チャネリング・波動調整・能力開花です。

特に、生年月日やカードは使用せずに、お名前を伺い、お客様とエネルギーを繋げることで、メッセージやビジョンなどを受け取りながら、波動調整をして、魂の癒しもしていきます。

占うだけでオーラが見えるようになった、霊感が出てきたという方も多く一緒にいるだけでスピリチュアル能力が開くことが多いです。

—鑑定で特に心がけていること・気をつけていることはなんですか？

お客様本来のお力を引き出し、自立を育て、今を幸せにし、願いを叶え、周りも幸せにしていく人を生み出すサポートです。

占いとしての当てるのは勿論、カウンセリング、コーチング、見えない世界のメッセージをお伝えするスピリチュアル、エネルギーを調整するヒーリング等全てを組合わせ結果を出すセッションを心がけております。

—鑑定現場のプロとして、初めて鑑定で相談をしようとしている方へのアドバイスをお願いします。

気持を落ち着け、心を開いてご相談頂くことが重要です。

占い師と心を通じ合うことで、今後出会う運命の人やパートナーの性格やビジョンも受け取れます。

未来は複数の道がありますので、好ましくない結果が出たとしても回避する方法までお伝えします。安心してご相談ください。

—今まで、鑑定で体験した不思議なこと、感動したことはありますか？

ヒーリングをしたり、霊的な影響などを取ると体調が良くなったり、人生が劇的に改善したりすることです。

お客様が奇跡のようなことを起こしたり、元気に幸せになられるのは感動します。

悪魔に乗っ取られた経験から安全にセッションをする方法を学び、そのようなケースの対処法がさらに進化したので、今では悪魔に感謝しています。

—一言でいって、先生にとって「占い」とはどのようなものですか？

幸せな人生に変えるツールです。

お客様の味方となり、人生を幸せにしていく気付きや癒しを与え、お客様自身が現実を変えていく力を身に付け、元気に楽しく行動していくことが出来る様にと心がけております。

人生をよく良くするために皆様の潜在能力を引き出し、自分も周りも幸せにする集団を作っていく活動にも力を入れており、活動の場の提供も始めています。

場所／大田区蒲田4-28-9　プランドールダイヒコ　**鑑定の申込方法**／ネット（https://coubic.com/daat/784607）
電話／090-2336-2210　**LINE**／https://lin.ee/pPdz2g2　**WEB**／http://www.psychic-counseling.com/

016

東京都

天野鈿女

あまの・うずめ

今まで数多くのご相談に乗らせていただき、皆様を自分らしい生き方や本質的な幸せへと導いて参りました。関係修復や復縁、複雑愛など一筋縄ではいかない人間関係のご相談から、仕事や経営のお悩みまで様々な悩みに対応させていただきます。根本的なねじれを解消し豊かな人生へ。あなたが本来持っている人生を力強く生きる潜在能力を呼び覚まし、問題事や悩み事を突破できる力強いエネルギーを授けましょう。

【主な占術】霊視・呪術

FORTUNE

PALMISTRY

TAROT

―先生の占い師への経緯（占いとの出会い）をお聞かせください。

『全て視たい、全て知りたい。』これが生まれる前に私が神様に宣言・約束してきた魂の使命で、占い師になった理由でもあります。小さい頃からとても敏感で、目に見えない世界がよく分かり、日常的にメッセージを受け取っていたように思います。自然と近しい人の感情や問題ごとが私の中に入ってきて、寄り添うことや理解することが自分の使命や役割のように感じていました。

占い師になったきっかけは、子供の頃に元々あったその能力をあるとき取り戻したからです。神様との約束、魂の使命を思い出したからです。それから導かれるように、気がついたらこの仕事をしていました。宇宙から預かってきた種が発芽するような、そんな感じですかね。

―鑑定で特に心がけていること・気をつけていることはなんですか？

常識や一般論ではなく、ご相談者様に寄り添い、魂の根底から納得がいく鑑定を心がけています。ご自身の人生を本当に良くしたい、真実を知り、豊かに・優しい・安心した自分へと変化して行きたい。魂の望む本音に耳を傾け、声を聴き、等身大で心地の良い、ありのままのあなたらしい感覚を目覚めさせます。そのためには、私がはっきりとあなたが辿り着く世界を視ることができていて、さらに深く理解していることがすごく大切で重要なことです。ずっと戦いの中を必死で生き抜いてきたあなたが、自分らしい納得した人生を生きられますように、私がどんな時も味方になり、励まし、応援し、しっかりとお支えいたします。

―鑑定現場のプロとして、初めて鑑定で相談をしようとしている方へのアドバイス（よりよく鑑定を受けるためにはなにをどうしたらいいか）をお願いします。

占いに行ってみたい時は直感が一番大切です。何がだめってことはありませんが、頭で考えず、感じることを信じてみてはいかがでしょうか。長年占い師をしていると、お客様は自分の鏡であると感じることがよくあります。感性が豊かで繊細、想いが強く使命感がある、それゆえ生き辛さを感じている、そんな方が私の所にはよくいらっしゃいます。表面に見えない世界を覗きたい、見えない世界を知りたいと感じているのだと思いますから、鑑定にいらっしゃるとどんどん視えてくるようになる方が多いですね。

「占いしてみようかな」は、その始まりですので、どうか思考以外の感覚を動かして選んでみてください。きっと新しい自分の可能性が広がりますよ。

場所／電話占いニーケ　**鑑定の申込方法**／WEBサイトよりお願い致します
WEB／https://niikee.jp/fortuneteller/n505034/

017

東京都

太塚覚龍

おおつか・かくりゅう

1970年11月30日東京生まれ観相家であり、人相術を用いた鑑定を得意とする。二十代で勤めていた会社が倒産し、これを機に好きな占術の世界で生きる事を決断。易、四柱推命、紫微斗数、など東洋占術を学んだ後、天童観相塾にて人相術と易断を専門的に研究し現在に至る。東京吉祥寺のサンロード商店街で占い館『たいゆう堂』での対面人相術運命鑑定と易断、予約鑑定・出張鑑定に応じている。また、太塚覚龍観相塾では人相術と易断講座を開講し、特に人相術の普及に努めている。

【主な占術】人相術・易断

――先生の得意な占術はなんですか？

得意な占術は人相術です。私は人相術と易を専門としています。人相術には二つの鑑定法があり、骨格相法ではその人一代の運命を見切る判断をします。もう一つは気色相法で、これは現在の運の状態、具体的に勢いや問題はあるのか無いのかを判断し、あるならどの様な問題か、誰が関係しているのか、問題の成り行きと結末はどうかを気色・血色・神動線・画相・神気（雰囲気）・律気・呂気・など『無形のモノ』を観て当面の運勢を看破するというのが気色相法です。私が最も得意とするところがこの気血色相法なのです。顔に現れた気血色、神導線、画相から過去・現在・未来を看破し、骨格からは家系の因縁・陰相、陽相を判断し、吉い運命は伸ばし凶い運命は断ち、吉に変える事に力を発揮するのが人相術だからです。

――鑑定現場のプロとして、初めて鑑定で相談をしようとしている方へのアドバイスをお願いします。

人相観・太塚覚龍の鑑定スタイルは『黙って座れば運命鑑定・あなたの運命全部話します』。ですから、ただ座って頂ければそれで宜しいのです。あとは私が相を観てお話しますから、特に緊張したりせずラクにしていてください。最初から相談が有って私に伝えたい事が有る場合は、何を占いたいか内容を整理して持ってきて頂けますと答えもスッキリ出やすいと思います。あとは、自分自身の状況を把握しておくことも大事なことです。また、何か聞かれたら素直に答える事と、アドバイスを素直に受け止める事が出来ますと開運も早まるでしょう。

――一言でいって、先生にとって「占い」とはどのようなものですか？

私にとって占いは、人の役に立つ生き方と地域の役に立つ為の手段方法のひとつであり、自分自身と皆さまが幸せになる為のツールです。もうひとつは、運命とはどういう事なのかを知りより良い生き方と幸せに生きる道しるべとなるものです。今世の事だけではなく、来世の実りある運命のため、ということも含みます。また、人相術を世に広め、人相術運命鑑定の技能・技術を絶やさず、世に残す事をやりに来たというのが今生での私の仕事です。天童先生に出逢い、人相術に出逢い、自分の運命を知り、とっくに迷いなどありません。心も動きません。仕事を問われ、人相観ですと言いますと馬鹿にされる事もありますが、そんな事では全くといっていいほど私の運命に影響はありません。

場所／武蔵野市吉祥寺本町1-13-4　テレーズ眸ビル1階　サンロード商店街側　**鑑定の申込方法**／ホームページより予約鑑定申し込み
または直接ご来店ください。**メール**／furaieki64@gmail.com　**WEB**／https://ootsuka-kakuryu.com

018

東京都

クロエ

タロット算命学の占い師の母の元、幼き頃から数々の霊現象を体験してきました。生まれ持った霊視・霊聴に加え、算命学や手相の統計学的な占いを学び、その両方を使うことであらゆる方面から〝悩み〟と向き合い、より深く理解することができます。波動調整やパワーヒーリングを行い、最終的に相談者さんが心身ともに元気にパワーアップしていただくことを目標としています。霊感×統計学で誰もが納得できる鑑定をお届けします。

【主な占術】タロット・算命学・手相・霊視

—先生の占い師への経緯（占いとの出会い）をお聞かせください。

母が占い師だったので、自然と占いを覚えました。幼い頃から他の人には見えないものが視えることで、困ったこともたくさんありました。20歳になるまでには人に話すことが必ずしも良いことではないと思い、何年も言わずに過ごしていました。しかし、30歳の時には、40歳になったら本業で占い師になるよう守護霊から言われていたので、ごく自然の流れで今に至ります。占いを始めてから、霊能力で人助けにならないかと、霊能力と占いを上手く組み合わせることができたのはこの10年くらいですかね。

—鑑定で特に心がけていること・気をつけていることはなんですか？

鑑定しているときは、相談者さんの言葉にできない本当のお気持ちや周囲の状況が、次々に映像化されて視えてきます。相談者さんが必ずしも真実を言っているわけではありません。思い込みや見栄や嘘、そういうものは守護霊が教えてくれたりします。人間ですから、時に相手の気持ちや現状を都合よく決めつけてしまうものです。でもそんな中で、心がけていることとは相談者さんの気持ちに寄り添うことです。傷付けることなくお伝えして気づいてもらうこと、ご自分の運勢を知り運気を上げること。ポジティブに変換することでお悩み解決だけではなく、人生の質を向上させていけるようにアドバイスさせていただいています。

—鑑定現場のプロとして、初めて鑑定で相談をしようとしている方へのアドバイスをお願いします。

占いは決して怖くありません。むしろ自分の生きる道を知らないで生きることの方がもっと怖いのです。20歳の時に80歳までの自分の運勢を全部覚えてしまいました。今でも山あり谷ありの人生ですが怖いと思ったことはありません。まずは何を聞きたいのか箇条書きにしてみてください。話始めたら、あとはこちらで大体のことが把握できるので大丈夫です。初めての場合、まずは何を聞いたらいいか分からない人が多いのです。あれもこれも聞きたいと思います。でもまずは自分を知りましょう。そして今一番悩んでいることをお伝えください。

—一言でいって、先生にとって「占い」とはどのようなものですか？

私にとって、占いは人生のロードマップです。誰しも知らないところに行くのには地図を使うのに、人生の道すじは知らなくて大丈夫なのかと思います。私は幼い頃から占いを学び、自分の性格の癖や欠点などと向き合い、出産も日にちを選びました。占い師だった私の母は20年以上前に占った自分の死ぬ年に亡くなりました。悩みがあるから占うのではないのです。今、あなたの目の前にチャンスがあったとしても知らなかったらそのまま見過ごしてしまうかもしれません。結局、自分の運勢を変えるのは自分自身なのです。できるだけわかりやすいよう、お悩みに寄り添い、相談者さんの歩むべき道へと導かせていただきます。

場所／ZOOMと出張全国　都内と横浜が最寄り　**鑑定の申込方法**／公式LINEもしくは鑑定予約サイトから
WEB／https://coubic.com/chloetarot/booking_pages#pageContent　**LINE**／https://lin.ee/LykQPDn

019

東京都

内藤孝南

ないとう・こうなん

加藤普品師の高弟である岡村青舒師に四柱推命、気学、周易を師事。平成2年より易占業に従事し、後進の育成に当たるとともに東京・自由が丘にて「占いルームぴっぱらぁじゅ」を運営。 大手ホテルでの講演会やイベント出演、自由が丘よみうり文化センターでの講師、占い会社の占い師育成など、対面鑑定以外での活動もしています。近年は高野山で取得した加持祈祷允可を活かした守護仏のお守り作りのワークショップも行っています。

【主な占術】四柱推命・気学・周易・手相・姓名判断・人生相談・家相

——先生の得意な占術はなんですか？

一番得意な占術は、四柱推命です。四柱推命は、生年月日時の4つの柱に並ぶ文字で、各人の持ち味を知ることができ、その人の歩いてゆく人生の中での出来事が推測できると共に、富や名声を得られるか得られないか、健康はどうか、子孫はどうかなどを推測することができます。また、成功すると思われる時期や、成功するためにはどうすればよいかなども推測することができます。持って生まれた資質を活かして、楽しみの多い人生を送るには最も適した占いだと思います。

——鑑定で特に心がけていること・気をつけていることはなんですか？

他人にとっては些細なことでも、自分にとっては大きく、重い悩みになっているというようなことは多々あります。悩みの深い人は、どちらかというと口に出して言うのが下手で、ツイツイ心の中に溜め込んでしまうようなタイプの人に多いようです。リピーターはともかく、初対面の相談者の場合は、一番悩んでいることを中々言ってくれないので、ゆっくりお話を聴くことにしています。お帰りの時は、安心した笑顔になられるように、その方に出来るような開運法をプレゼントできるように心掛けています。

——鑑定現場のプロとして、初めて鑑定で相談をしようとしている方へのアドバイスをお願いします。

初めての鑑定の時は、あれも聞きたい、これも聞きたいと心の中で準備してきたことを、緊張してしまって、聞き忘れてしまうようなことがあります。私のところでは、聞きたいことを、聞き忘れがない様に、また限られた時間の中で、聞きたいことをより多く聞いて帰られるように、問題を箇条書きにしてからお越しいただくようお伝えしています。また、せっかくいい答え(ヒント)を貰ったのに、後で、忘れてしまうようなこともあります。役に立つ言葉や、頂いた答えはその場でメモをとることをお奨めします。

——一言でいって、先生にとって「占い」とはどのようなものですか？

迷った時の道標として用いることは勿論、持って生まれた資質をいかに活かせば、達成感のある人生を手に入れることができるかを知る手がかりとして用いています。また、諸事の目標設定や、人間関係を円滑にし、心豊かに過ごすための方法を考える時のツールとしても用いています。占いはいつの時代も、廃れることも絶えることもなく続いています。世の中が変わっても、変わることなく占いは生き続けています。占いの根底に人としてのあるべき姿があるような気がします。

場所／世田谷区奥沢7-8-11　セジュール自由が丘201／台東区雷門1-15-12　「占い館オリーブ」（毎月一回）　**鑑定の申込方法**／電話またはメールにて　**電話**／090-1779-2261、03-3705-5325　**メール**／gystq449@yahoo.co.jpまたはtorachan7@i.softbank.jp

020

東京都

知千《ちせん》

この世に男性として生まれると同時に、女性の魂を持ち生を受ける。約24年間、男性と女性、両方の気持ちがわかる鑑定士として、また真言宗の密教僧侶として幅広く活動を続けている。幼少の頃から高野山の高僧に認められるほどの卓越した霊力を持ち、霊感霊視・陰陽五行・タロットカードを用いた鑑定で、これまで約5万人以上の悩める方々を幸せ溢れる光の道へ導いてきた。

【主な占術】霊感霊視・陰陽五行・タロット

—先生の得意な占術はなんですか？

霊力に加え、四柱推命、陰陽五行を組み合わせた独自の鑑定を得意としています。相談内容やお客様の状態を視た上で霊力や直感で視えたまま、感じたままだけではなく、四柱推命、陰陽五行も交えながら、多岐に渡るイメージをまとめつつ鑑定を進めていきます。大まかな傾向や参考程度として、統計学の占術も利用しながら細かい部分や、何回も輪廻転生を繰り返して来た「生」としての「現在地点」での課題や、過去からの引き継いで来た「業」などを読み解いていきます。広く遍く世界からのメッセージを組み合わした上で現実に沿って、霊視や霊感で感じることをお伝えする、このような鑑定方法を長年行っております。

—鑑定で特に心がけていること・気をつけていることはなんですか？

霊感霊視や四柱推命等の占術は、実は単なるツールに過ぎず、たとえ視えたことが真実だとしても、お客様自身が傷つき憔悴されている場合、その真実を受け入れられないこともあります。私はアゲ鑑定はしませんが、だからと言って「私の鑑定を絶対に受け入れなさい」とは言いません。誰だって精神が消耗している時に傷口に塩を塗られるようなことは、辛いだけですからね。

私はその場限りではなく長く互いに笑い合ったり、時には一緒に涙する時も御座いますが、ご縁をいただいた全てのお客様が今世の役割を果たされるまで、傍で見守り人生そのものを温かく応援させていただきたい、そのような思いから、長いスパンでお客様との信頼関係を築くことを心がけています。

—鑑定現場のプロとして、初めて鑑定で相談をしようとしている方へのアドバイスをお願いします。

最初から占い師を疑ったり、試すようなことをするお客様も中にはいらっしゃいますが、お客様側で疑いを持ってしまうと、それが大きな壁となり、視えずらく意思疎通出来なくなる事が往々にして発生してしまいます。

初めてのご相談の場合は、とても緊張したり不安になる事も多いと思います。ただ、出来れば心を開いていただき、正直にありのままをお話いただくことで、私にも多くのイメージが視え、異世界からのメッセージを受け取る事ができますのでより詳細で深い鑑定を行うことが可能となります。

少しづつでも構いませんので、あなた様自身のお言葉で、正直な思いや悩みを私にぶつけてみて下さい。私はどんなお悩みでも全力で受け止めさせていただきます。

—一言でいって、先生にとって「占い」とはどのようなものですか？

お客様お一人お一人悩みも異なりますし、背負っている課題や解決策、そして未来も千差万別で、あたかも初めから決められているかの様な鑑定結果はこの世に存在しません。ご相談者様がご自身の人生を歩まれる中で、私の行う占いはその方だけのオリジナルの「人生計画表」であり、課題や欠点、長所も含めた「あなた様専用の参考書」だと考えています。だからこそ、折に触れて、鑑定内容を思い出していただいたり私の鑑定を、人生を歩んで行く上での参考としていただければと願っています。

場所／東京都　**鑑定の申込方法**／You Tube・HP・LINE・メール
メール／chisen.uranai@gmail.com　**LINE ID**／@chisenn　**WEB**／https://www.chisen.com/

021

東京都

玉江《たまえ》

英米文学科卒業後、SE、コールセンター、経理事務等をやりながら、人間とは、運命とは、心とは、体とは何か、壮大な問いを本や勉強会などで掘り下げ追い求めていくうちに、占いに出会い勉強を始める。2007年から個人鑑定、イベント出展を開始。新宿、東京タワー、中華街の占い館でも鑑定。現在は、東京タワー占い処を中心にイベント、カフェ、自宅サロン、オンライン等で鑑定や占いレッスンを行っている。

【主な占術】手相・人相・ボイジャータロット・易占・九星術

——鑑定で特に心がけていること・気をつけていることはなんですか？

鑑定は淡々と行い、出来るだけ「伝えること」に重きを置くようにしています。あたたかさを感じていただけるよう伝え方を工夫して、ご相談者様が幸せへの道を切り開けるよう、これからを見通す鑑定結果と上手くいくためのコツを分かりやすくお伝えいたします。占いは情報ツールの1つであり、その情報をどう使うかは自分次第なので、相談に来られた方が判断できやすいようにお伝えする「言葉」も丁寧に選ぶようにしています。また、誰一人同じ人間はいませんので、鑑定を行う上でパターンにあてはめようとしないこと、感情で判断しないことは、その人そのものをとらえるために重要なことと考えています。目の前にいる人の存在、今の感覚、ひらめき、感覚とロジックがつながる瞬間、新たな発見をまっすぐに受けとめるためにも、私自身、わだかまりから解き放たれ、ゆったりした状態でいることを心がけています。

——鑑定現場のプロとして、初めて鑑定で相談をしようとしている方へのアドバイスをお願いします。

鑑定を始める前に、すでに不安なことがあるのなら鑑定前に何でも聞いてください。聞きたいことがまとまらない、うまく言葉にできない、そんな不安をお持ちの方も多いと思います。その時は鑑定士が糸口を見つけますのでご安心ください。真のお悩みを見つけ出し、あなたの複雑に絡みあった悩みを丁寧に紐解いていきます。そもそも何に悩んでいるかも分からないが、常に不安を抱えている、そんな方には全体の運命鑑定を鑑定士にゆだねてみるというやり方もあります。とにかくいろいろなスタイルの鑑定士がいますので、自分にあった鑑定士に出会うことはとても大事です。口コミなどよりも、「自分の感覚」を優先してみてください。

——一言でいって、先生にとって「占い」とはどのようなものですか？

占いは「自分を知るツール」だと思っています。大人になるにつれて、様々な人間関係や社会の中で自分は何者なのか、分からなくなってしまっている方も多いと思います。占いは考えや心の状態を整理してくれます。そうすることで、平常心に立ち戻り、未来をゆったりと見通すこともできます。自分の心に余裕が生まれると、他の人にも優しく、温かさをもって接することができるため、相手を理解することもできるようになります。

自分と深く向き合い、知ることができればあなたは「自分とは宇宙の一部である」という大きな感覚を手にし、心安らかに生きることができるでしょう。果てしなく大きい話のように思えますが、広く世界を捉えることはあなたが幸せを感じるためにとても大切なことです。「自分を知る」ことは簡単ではありませんが、最初の一歩として、一つのツールとして占いが皆様の人生を切り開くお手伝いとなりますことを、願っております。

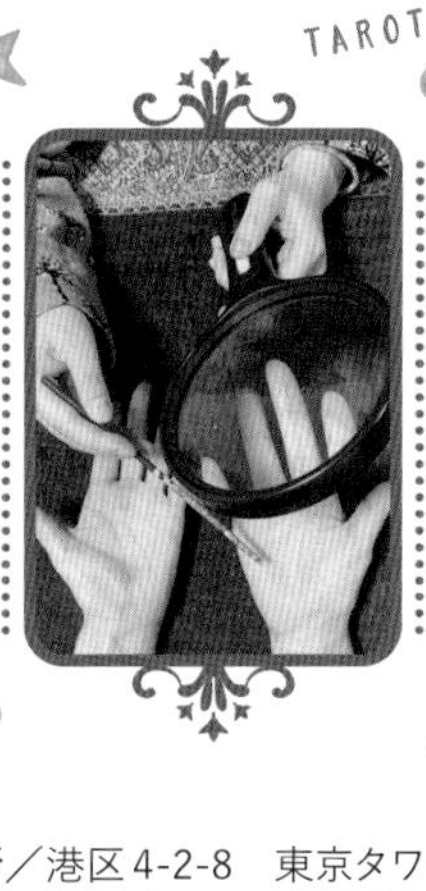

場所／港区4-2-8　東京タワービル2F　東京おみやげたうん　東京プリント工房内「東京タワー占い処」　**鑑定の申込方法**／メール、または各SNSのメッセージ　**メール**／tamaeam@gmail.com　**LINE**／@951mylrh　**WEB**／https://tamae.amebaownd.com/

—鑑定で特に心がけていること・気をつけていることはなんですか?

初めて鑑定する方には特にですが、早くお客様の心を掴むことを心掛けています。それによって、お客様が遠慮せず相談事をお話して頂けるようになりますので、信頼されるということはとても重要です。そして、時と場合にもよることもありますが、普通とは一味違う占いなりのアドバイスが出来ればとも考えております。それから、占い師としてのポリシーは、物事に対して柔軟な対応と判断を心がけ、判断が決まれば、ビシッとしっかりわかりやすくお伝えするということです。

—鑑定現場のプロとして、初めて鑑定で相談をしようとしている方へのアドバイスをお願いします。

占いというもの、鑑定というものがどういうものなのかを知る意味で、巷の鑑定所などで、最低料金でも構わないから、まずは鑑定を受けてみることです。その上で、この占い師とご自分の相性がどうかをみてみることです。合うと思えばその占い師の所へ通われれば良いし、何か疑問や引っ掛かる点があれば、他の占い師を探して行けば良いと思います。また、複数の占い師に同じ質問・相談をして、同じような答えが返って来たならば、それは、あなたにとって間違いない回答ですので、何はともあれ、その通りに従ってみることだと思います。

022

東京都

吉村龍泉
よしむら・りゅうせん

東京都出身。大学卒業後、一般企業に就職。一社員から管理・経営の立場まで経験するも、突然の会社解散を機に、以前より興味を持っていた占いの道へと進む。多くの師との出会いもあって、本格的に占い師としての活動を開始。主な占術は人相・九星・周易・易占タロット・手相。コロナ禍はメール鑑定やZoom鑑定を中心に活動を行っていたが、現在は対面鑑定や動画配信も積極的に行っている。

【主な占術】人相・九星・周易・易占タロット・手相

—今まで、鑑定で体験した不思議なこと、感動したことはありますか?

鑑定中にゾーンに入った状態を何度か経験したことがあります。それは、そのお客様との相性が非常に良いのもあると思うのですが、お客様の顔を拝見していると、ご相談内容に関することが、画相としてすぐ現われるし、易を立てても、読みやすい卦が出るため、占うこと占うこと、ピタッと当たります。また、考えなくても口が勝手に喋るし、言ったことは全て的を射ており、気持ちいいように鑑定が進んでいくことがあります。そして、お客様は帰り際に『楽しかったです。また来ます。』と言って、満足して帰って行かれます。この時、占い師として堪らない喜びを感じます。

—一言でいって、先生にとって「占い」とはどのようなものですか?

「占い」は、奥が深いです。やればやるほど、学べば学ぶほど、知識や占いの質は向上しますが、分からないことや疑問もまた出てきます。行けども行けども先が見えてきません。易で例えると、『易を半年やれば、半年の易であり、一年やれば、一年の易であり、五年やれば、五年の易であり、十年やれば、十年の易である。』というように、易は段々と上達はしますが、ゴールには辿り着きません。「占い」は底無し沼のように深いです。また、一つの占術を追求すると、個々の占術はバラバラで別のものではなく、関連性があることが分かります。すべての「占い」は、何らかの関係性を持っています。だから、「占い」は面白い。

場所／喫茶店（喫茶室ルノアール吉祥寺店、新宿三丁目ビッグスビル店、市ヶ谷駅前店など）。ホームページに定期鑑定場所記載　**鑑定の申込方法**／ホームページまたはメール　**メール**／ryuse.y13ta4n@gmail.com　**WEB**／https://www.yoshimuraryusen.com

023

東京都

水森太陽

みずもり・たいよう

占い館セレーネ代表。10代から占いの研究と実占を重ね、鑑定数は述べ25000人以上。占いの知識は幅広く、東洋西洋の様々な占術を修得しており、顧客は芸能人、経営者から研究者まで幅広いリピーターを持つ。また教育現場での実践経験や占いの幅広い知識を活かして、占い人材の育成に取り組んでおり、対面、電話、メディア、記事など幅広い分野でトップクラスの実績を出して活躍しているプロ占い師を多数育成している。

【主な占術】四柱推命・紫微斗数・インド占星術・西洋占星術・数秘術・タロット・断易・手相・人相・方位術・姓名判断・風水

—先生の占い師への経緯（占いとの出会い）をお聞かせください。

10代の頃、本の付録の手相の記事や、オカルト好きな先輩から、数秘術の本を借りたことがきっかけで興味を持ちました。

本格的にのめり込んだのは、大学生の頃で、主催していた劇団の公演の直前に照明の子が骨折する映像が脳裏によぎり、その通りになってしまったことがキッカケです。

原因を知りたくて、脳科学や超心理学などの本を読んで自分なりに仮説を出したり、それでも納得できなくて色んな本を読み漁り、沢山調べた中に占いの本もあり、四柱推命や占星術で、その後輩にはその年、その月に事故の象意が出ていて、占いも侮れないと思ったことが一番のキッカケです。その後、大御所の勉強会に参加した時にスカウトされ、足を踏み入れました。

—鑑定で特に心がけていること・気をつけていることはなんですか？

昨今の「占いとはクライアントに寄り添うことだ」といった業界の風潮に、「それでは片手落ちにならないか？」と真っ向から警鐘を鳴らすような人間です。占いは伝統的には未来予測として使われてきました。お客様も「当ててほしい」と思って占いを受けている方も多いです。

そんな中、占い会社や占い師の都合で「私達は寄り添っています」みたいな理屈で、予測と対策を願うお客様を無視するのは違うのではないか？と考えています。伝統的な技術を使った予測を提供しつつ、お客様の悩みと真剣に向き合うこと、両面のアプローチを提供できるような占い師を目指しています。

—今まで、鑑定で体験した不思議なこと、感動したことはありますか？または困ったことなどもありますか？

鑑定して不思議だったのは、その日鑑定した人全員同じ60干支の人だったことです。今日はやたら同じ干支がつづくなぁと思いました。

また、感動したことは、アラフォーのアパート暮らし無職女性が、風水を基にレイアウトを変えたことで、すぐに就職し、10個下の公務員と結婚。その後も、マンションの風水鑑定や、お子さんの命名で鑑定を受けに来てくれたことです。

困ったことは、鑑定の際、脳裏に見えたものを伝えたら、現実と合致してしまい、口コミしないではしいと頼んだのに、口コミされ、透視希望のユーザーが増えてしまったことです。

—一言でいって、先生にとって「占い」とはどのようなものですか？

私にとっては、原始的かつ、原初的な未来予測のツールが占いです。

私達人類は、脳のワーキングメモリーが増えることで、言語や数などの記号を複雑に扱う事ができるようになりました。

その中でも、古代の人が未来や目に見えない世界などより複雑な世界を探るために使ってきた、記号解釈の方法が占いだと思います。

命術（分析力）・卜術（閃き力）・相術（観察力）に身体性である、医術、山術などを加え五術とする分類がありますが、五術という別々のアルゴリズムを使うことで、より、抽象的な認知や洞察力を心身に覚えさせるツールが占いだと思っています。占いは未来予測や問題解決の際の一つのツールになり得ると思います。

場所／「占い館セレーネ」豊島区東池袋3-15-5 東池袋マンション307
鑑定の申込方法／占い館セレーネに電話、メール、LINEなどで問い合わせ　**電話**／03-5992-3222
メール／info@selene-uranai.com　**WEB**／https://selene-uranai.com/　**LINE**／https://page.line.me/sjh7858w

024

神奈川県

髙橋伸斉

たかはし・しんさい

占い鑑定業務を始めてから30年が経過しました。占いで有名な横浜中華街でも、長年に渡り鑑定してきました。川崎で独立してからは「川崎の父」の愛称で慕われています。川崎での鑑定は15年になります。「手相と易占」が人気を博しています。特に、手相は占いを始めてから約10万人（延人数）の相談者を観てきました。今後どうなるかを知りたい方は、現在の状態と近未来を観る「易占」、宿命を知りたい方は「運勢」の鑑定が適しています。

【主な占術】手相・気学・易占

—先生の占い師への経緯（占いとの出会い）をお聞かせください。

私は、占い師になるまでは自分で事業を行い、それなりに安定した経営を営んでいました。しかし、今でいうバブル絶頂期に不動産投資を始めたことが原因で、事業破綻してしまったのです。時代の潮流に流されたことに虚しさを感じた私は、自分の人生を見つめ直すために、必死に運命学の勉強をしました。2年くらいで多少自信がつきましたので、占いの業務に携わるようになりました。

—先生の得意な占術はなんですか？

手相・運勢・易占です。手相はかなり多くの人を鑑定しています。見た人の共通性を発見・確認して、それをオリジナル教材化してきました。運勢は、宿命的運命になります。生年月日を中心に鑑定しますが、生まれた前後の年・月・日も調べ、合わせて9つのエネルギーの関連性を確認します。易は、現在の状態と近い将来観るための鑑定法です。もともとは筮竹（ぜいちく）を使うのですが、私はサイコロを使います。心の中で送神文を唱え、暗示が表れた暗示を解釈して説明しています。

—鑑定で特に心がけていること・気をつけていることはなんですか？

相談者が来られた時に、どのような気をもっているかを瞬間的に判断し、それから相談者の今おかれている状況を、じっくり確認して鑑定を始めます。まず、何を知りたいかと生年月日を聞き、対応する鑑定項目を説明した後に料金設定をする形です。運命の結果が出た後で方向性をお話しし、納得できる説明をしています。相談者の方の幸せを願って鑑定することが、一番の喜びです。

—鑑定現場のプロとして、初めて鑑定で相談をしようとしている方へのアドバイスをお願いします。

初めて鑑定を受ける方はとても緊張されると思いますから、親しみをもって対応しています。現在の状態をしっかり確認してから、鑑定に入ります。何を知りたいかを明確に、論点整理しておくと理解しやすいと思います。

—今まで、鑑定で体験した不思議なこと、感動したことはありますか？

数年前、公園で「かくれんぼ」をして、タレントさんが隠れた場所を占いで捜し出すという企画のテレビ番組に出演しました。易占鑑定により、タレントさんは池の側の近くにいるという気が働きましたが、公園に池はありません。しかし、代わりに池のような大きな遊び場があり、私は直感的に「ココだ」と断定しました。最初はなかなか姿を見せてくれませんでしたが、遊び場にある大木の陰からタレントさんが笑顔で現れた瞬間は、まさに感動的だったと思います。それまで、易占でこのような鑑定をしたことはなく、今でも滅多にない体験をしたと思っています。

—一言でいって、先生にとって「占い」とはどのようなものですか？

占いは人生になりました。鑑定を通して人とのふれあいができ、喜びを味わうことができます。これからも、運命鑑定で相談者に幸せをもたらすことを、生き甲斐にしたいと思っています。

場所／川崎市川崎区砂子1-3-7　ニューハトヤビル一階　**鑑定の申込方法**／1）ホームページよりネット予約　2）電話予約　3）直接来店
電話／050-7586-2288　**WEB**／https://www.uranai-moon.jp/

025

神奈川県

川口克己（Mr.K）

かわぐち・かつみ

手相講座講師・風水鑑定師。癒しサロン「鎌倉フォーチュン」代表、占いサロン「ミクセリア」相談役。2011年元旦、神奈川県鎌倉市小町に、占い＆パワーストーン「鎌倉フォーチュン」開店。現在は、占いやヒーリングの素晴らしさを広めるため、執筆・講演活動に奔走。占い業界の健全な発展と占い師の地位向上を目指し、同業界での活動や優秀な占い師の育成に力を注いでいる。主な著書に「手相は丘が9割　幸福を招く手相術」(2021年出版)。

【主な占術】手相・風水

―先生の占い師への経緯（占いとの出会い）をお聞かせください。

サラリーマン時代、生まれて初めて手相鑑定を受けた時に、私の性格や今の気持ちを全てお見通しにされ、丸裸にされたような衝撃を受けました。そして数ヵ月後、サラリーマンの傍ら手相教室に通うようになったのです。その後、周囲の相談などに乗っているうち「こんな素晴らしい技術を持っていて、悩んでいる人の役に立てないのは罪である」という思いが日に日に強くなっていき、2011年、ご縁のあった鎌倉に占いの館「鎌倉フォーチュン」をオープンしました。

―先生の得意な占術はなんですか？

手相と風水です。手相は、いちばん最初に衝撃を受けた占術であり、徹底的に研究しました。単に手の線を追いかけるのではなく、相談者様が幸せを引き寄せる手法を編み出しました(笑)。手相講座においても、その点に力点をおいています。風水は、自分の住まいに違和感を覚えたことがきっかけで、風水の大先生や教室に通いました。なんと、私の住んでいる家は凶相の家で、しっくりこなかった理由も全て理解できました。自分で体験して身につけた占術しか、プレイヤーとしては興味がないのです(笑)。

―鑑定で特に心がけていること・気をつけていることはなんですか？

一方的にこちらの考えを伝えるような、言いっぱなしの対応はしないように気をつけています。また、相談者様のなりたい将来像に向けた、最も合理的な進み方をアドバイスさせていただくよう心がけております。手相講座開催時においても、そのような占い師さんになれるよう指導させていただいています。

―鑑定現場のプロとして、初めて鑑定で相談をしようとしている方へのアドバイスをお願いします。

確認したいことを、最初に鑑定士に伝えると良いと思います。優秀な占い師は、様々な課題を整理してアドバイスまでつなげることができます。統計やインスピレーションからいろいろなことをお伝えしますが、すべてを鵜呑みにせず、参考意見ということで受け入れるといいと思います。お友達や占い師たちの助言をミックスして、最も幸せになれる案を採択し最終決定してみてください。

―今まで、鑑定で体験した不思議なこと、感動したことはありますか？

相談者様にアドバイスやアイデアをお伝えして、その後にご報告を兼ねてお礼参りに再来店された時は、本当に嬉しくなりますね。たとえば、会社で重責を負い失意のどん底だった方が、心の持ち方を変えて活き活きと働けるようになったとか、自称恋愛ベタの女性が、数ヵ月後に彼氏を連れていらっしゃったとか。いずれも、涙が出そうなくらい嬉しくなります。この仕事をやっていてよかったなぁと思う瞬間です。

―一言でいって、先生にとって「占い」とはどのようなものですか？

夢や目標に向かって、背中を押してくれるアドバイザーです。上手に活用したら、無理だと諦めていた夢が叶えられることもありますからね。

場所／鎌倉市小町2丁目　**鑑定の申込方法**／鎌倉フォーチュンの予約システムより（https://www.itsuaki.com/yoyaku/webreserve/staffsel?str_id=7504474602）**電話**／0467-84-8125　**メール**／kama@kamakuraf.com　**WEB**／https://kamakuraf.com/

026

神奈川県

ソルドーニャ・ユキ

悩みを吹き飛ばし、繰り返し考えてしまう悩みに終止符を打つ鑑定を得意としています。直接本人に聞くことができない気持ちや、隠されている本心を知りたいと思ったときには、是非ともお電話ください。お気持ちや状況を理解しただけでは解決しにくい複雑なお悩みを持っていらっしゃる方には霊氣ボックスによる願望成就も可能です。願望成就のそのときまで、共に歩めるパートナーのような鑑定師でいられるように努めて参ります。

【主な占術】霊感タロット・心理占星術・東洋占星術

—先生の占い師への経緯（占いとの出会い）をお聞かせください。

幼い頃から周りの人に理解されない体験が多く、身近に占い関係者が多くいたこともあって違和感なく占いを生業にする道を選びました。

友人の母が占い好きで、よく占ってもらい、運命学について聞いたり、別の友人の祖母が有名な占い師で、その友人が占い師を目指したことで不思議と私も影響を受けて自然とこの道に入りました。

—先生の得意な占術はなんですか？

タロット、西洋占星術・心理占星術を得意とします。

相手の気持ちを読むことを得意としていますので、必然的に結婚や恋愛のご相談は得意分野です。

その他は相性、出会い、婚活、復活愛、不倫。

「あの人の気持ちが知りたい」
「あの人の気持ちを取り戻すには」
「素敵な相手と巡り会って結婚したい」
「許されない恋をしてしまった」
「忘れられない相手がいる」
といった内容が該当します。

—鑑定で特に心がけていること・気をつけていることはなんですか？

まだ未熟だったデビュー当時に、お客様のトラウマ的な部分を無理に引き出してしまった経験から、それぞれのご性質に見合ったスピード感で、一緒にゴールを目指すことを心掛けています。

きちんと段階を踏んでお客様の感情に寄り添うべきだったという経験から、荒療治のような鑑定ではなく、お伝えの仕方や言葉のチョイスには心を配っています。

—鑑定現場のプロとして、初めて鑑定で相談をしようとしている方へのアドバイスをお願いします。

「こんなことを言ったら変に思われるかな?」などご自身で相談内容の制限を設定せず、身構えずに気軽な感覚で鑑定を受けて頂ければと思います。

体験することで実感を覚えますし、何でもぶつけてみることが良い鑑定への突破口になると思います。

—今まで、鑑定で体験した不思議なこと、感動したことはありますか？

カップルでご相談に来られた方達が、鑑定中にどちらも本音を言わず嘘の話をされた時には困りました(笑)

不思議な事は、自分の経験と似た内容に関してのご相談を受けることがよくあります。また、理解者がいない状況で夢を追い続けていたお客様が、私と二人三脚で努力され夢を叶えられた時は、「鑑定師冥利に尽きる」と心から感じました。

—一言でいって、先生にとって「占い」とはどのようなものですか？

私にとって占いは、私なりに得たチカラや知識を言葉でお客様に提供し、役立てて頂くものだと思っています。私自身は、自分の悩みに対して自分の占いを使うということはそれほどありません。目の前のお客様の役に立つ占いを追求することが、私にとっての喜びとなっているのです。それが私の宿命だとも感じていますので、今後も魂に磨きをかけながら、励んで参りたいと思っています。

場所／電話占い師名鑑プラス　**鑑定の申込方法**／WEBサイトよりお願い致します
WEB／https://deasors.com/fortuneteller/d504012/?adv_id=campaign

027

神奈川県

朝霧風雅
あさぎり・ふうが

5000人以上の鑑定実績、飲食店での店舗管理者、株式会社代表取締役、占い師として雑誌掲載等の経験を活かしながら、タロットでお客様のお悩みに向き合います。占いとしての霊視も合わせて、お相手の気持ちや、今後どう行動したら良いのかを、具体的にお伝えすることで、改善に繋げるお手伝いをさせて頂きます。ダメ！ではなく、一縷の望みを繋げ、広げられるような提案を出来るよう努めさせて頂きますので、是非一度ご相談ください。

【主な占術】霊視・タロット・ルーン・九星気学・宿曜占星術

—先生の占い師への経緯（占いとの出会い）をお聞かせください。

元々、霊感自体は強い方でしたので、昔から、知人や友人、そしてその周りの方をご紹介して頂き、お悩み等の相談を受ける事が多くありました。

その相談に対してより具体的にしっかりとした受け答えが出来るようになるために様々な接客業を経験してきました。

接客業の中で、お客様から相談をして頂く機会が多くなり、占い師になろうと決意してこの世界に飛び込んだのが始まりです。

—先生の得意な占術はなんですか？

一番得意な占術は霊視です。いわゆる守護霊を視るものとは違い、人の感情を視る事が得意です。意中の方がどう思っているのか、今後どのような行動を取って行けばその方がどうなるのか、具体的な案も併せてお伝えするスタイルで行わせて頂いております。

それにタロット、ルーン、九星気学などを加えて、より多角的に、より具体的にお伝えすることを心掛けています。

—鑑定で特に心がけていること・気をつけていることはなんですか？

まずは過去や現在を占いによって導き、こちらからお尋ねして確認するようにしております。

過去や現在、性格などが当たらなければ、未来はあやふやなものになってしまうのでは？との思いから、少しお時間を頂いてます。

また、あやふやな答えや漠然とした答えではなく、具体的にお伝えする事も心掛けております。

—鑑定現場のプロとして、初めて鑑定で相談をしようとしている方へのアドバイスをお願いします。

まずは自分がどうしたいか、自分自身がどう思っているか等のお気持ちをお伝え頂けると嬉しいです。

落ち着いて、こうしたい！こうなる為には？自分はどうしたら良いのだろう？のような、何を占えば良いか？を明確にお尋ね頂けるとスムーズかと思います。

—今まで、鑑定で体験した不思議なこと、感動したことはありますか？

初めてのお客様のはずなのに、まるで昔からの知り合いのように会話が弾むのは、未だに自分でも不思議です。お客様からも、昔からの知人のように話しをしてしまうと言って頂く事が多いのですが、鑑定が終わった後に、自分でも「初対面のお客様だったのに」と不思議に感じます。

感動した事は、お客様自身が叶わないと思っていた恋愛が叶い、結婚のご報告にいらして下さった時にはとても感動しました。

—一言でいって、先生にとって「占い」とはどのようなものですか？

自分以外の人生に触れられる、数少ない貴重な仕事だと思っています。

占いを通して自分が誰かの人生に少しだけ関わることで、幸せになれる人がいるという事実を誇りに思います。

人との縁が減ってしまった今だからこそ、この仕事をしているとより強く感じますが、人と人の縁を繋ぐ「占い」はとても素晴らしいものですよね。

場所／横浜市中区山下町148番地「大吉占い館」 **鑑定の申込方法**／公式LINEからご案内しています
LINE ID／@335rbkhn **WEB**／https://r.goope.jp/stellapolare

028

神奈川県

マリア

横浜・鎌倉・東京（学芸大学）を中心にレイキマスター・カラーセラピスト講師・マヤ暦アドバイザー・数秘＆カラー講師・ヒプノセラピスト・クリスタルアライカード講師・手相講師・占星術師・ボイジャータロット・ペンデュラムヒーラー・クリスタルアドバイザーとして活動しています。

【主な占術】数秘術・マヤ暦・手相・クリスタルアライカード・レイキヒーリング・ヒプノセラピー

—先生の占い師への経緯（占いとの出会い）をお聞かせください。

私の人生の転機が突然やってきたのは、40歳半ばを過ぎた時でした。「鎌倉フォーチュン」というサロンが、私のステージとして用意されたのです。パワーストーンについて本格的に学びを深めたのは、この頃からです。色の違いで効果・効能が違うのでカラーセラピーを学び、その後カラーと数字にも共通するものがあると知り、数秘術を学びました。今もこの世界の学びが楽しく、チャレンジし続けています。

—先生の得意な占術はなんですか？

数秘術は古代の叡智であり、生年月日と名前からその人を紐解いていく占術です。人は育っていく過程で色々な影響を受け、生まれてきた目的が分からなくなる時があります。そんな時、数秘術は人生のナビゲーターになってくれます。また、傷ついた心はレイキヒーリングやヒプノセラピーで癒し、自信を持って自分の人生を歩めるようにお手伝いさせていただいています。

—鑑定で特に心がけていること・気をつけていることはなんですか？

様々な学びを通して潜在意識と繋がることで「本来の自分」に気づき、「自分が自分らしく、自分の人生を歩んで行ける」のだと確信しました。その方が心の底から望む人生を歩めるように、潜在意識に寄り添って「不安」「迷い」を解消していけるように心がけています。「答えは自分の中にある」をモットーに、潜在意識からの答えと繋がるようサポートさせていただきます。

—鑑定現場のプロとして、初めて鑑定で相談をしようとしている方へのアドバイスをお願いします。

最初に、どんな占術で占えるのかを確認することです。相談したい内容によって占術が違ってくるため、占いを始める前に「今日はこういうことが聞きたい」と占い師に伝えると、その内容に合った占術を提案してくれます。また、自分自身や占って欲しい人の情報（氏名、生年月日とできれば出生時間・出生地、性別）も調べておくと、より精度の高い鑑定が受けられます。

—今まで、鑑定で体験した不思議なこと、感動したことはありますか？

親御さんとの関係がうまくいっていなかった方が、占いやヒーリングを受けてご両親に優しく向き合える気持ちになったというご連絡を受けたり、不妊で悩んでいる方にご夫婦の性格や相性などのアドバイスとヒーリングをさせていただき、数ヶ月後に妊娠のご報告をいただいた時は、とても嬉しい気持ちになりました。

—一言でいって、先生にとって「占い」とはどのようなものですか？

「占い」は人生の羅針盤であり、迷った時に「占い」によって様々な気づきを得て欲しいと思います。事前にそうなりそうだと分かっていれば、良いことであればそのまま進んで行かれたらよいですし、好ましくないことであればそれを回避するアドバイスを受けることができます。「占い」を上手に活用し、より良い人生になるためのツールとして役立てて欲しいです。

場所／横浜市西区高島2「横浜サロン」鎌倉市小町2丁目「鎌倉フォーチュン」目黒区碑文谷6「学芸大学サロン」
鑑定の申込方法／「マリア光の部屋」HPコンタクトよりお願い致します。（https://www.maria-hikarinoheya.com/）

029

神奈川県

天晶《てんしょう》

男性でも女性でもないゲイとしての目線を持ち、話しているだけで明るくさせてくれる占い師。その類い稀な直感力で導き出す解決法と、常識にとらわれない感性に加え、霊感タロット、攻めの西洋占星術、アストロダイスなどの多角的占術を駆使し、これまで多くの人の心を救ってきた。鋭く独特な読みのホロスコープ解説に惹かれるファンは多く、電話占いでは予約が取れない占い師として活躍。特に魚座の研究においては右に出る者のない第一人者である。

【主な占術】霊感タロット・西洋占星術・アストロダイス・九星気学

—先生の占い師への経緯（占いとの出会い）をお聞かせください。

今のパートナーとの出会いがきっかけです。当時わたしが24歳、彼が21歳。年下の彼がしっかりした企業で働いているのに、わたしはそのときフリーターでした。そこで「これではまずい」と思い、「手に職をつけなければ」という考えから占い師という選択肢が出てきました。占いが大好きで占い師になったというわけではないので、ちょっと変わったスタートだったかもしれません。本格的に占いを学ぶために占いの学校に入り、第一線で活躍されている先生方と出会い、占いの奥深さと素晴らしさを知りました。

—先生の得意な占術はなんですか？

西洋占星術とタロットとアストロダイスです。人は皆、星のエネルギーを受けて生きています。そのエネルギーを読み解き、星が個人にどのような影響を与えているのかを見るのが西洋占星術。そして、人の気持ちや解決策を出すのがタロット。この2つの占術を使うことで、クライアント様のお悩みに的確なアドバイスを出すことができます。さらにアストロダイスを加え、3つの占術を使うことによって相談者の悩みをより明確に読み解くことができ、鑑定に深みを増すことができます。

—鑑定で特に心がけていること・気をつけていることはなんですか？

クライアント様の素晴らしい部分をお伝えすることを一番に考えています。悩みの中にいると、人はつい自分自身を過小評価してしまいがちですが、あなたがどれだけ頑張ってきたかは星とカードが教えてくれます。クライアント様に自信と笑顔を取り戻していただき、「幸せ」という結果を掴んでいただくお手伝いをするのが、わたしのポリシーです。

—鑑定現場のプロとして、初めて鑑定で相談をしようとしている方へのアドバイスをお願いします。

質問したいことをあらかじめまとめておいていただくと、お時間のロスや時系列の混乱が少なくて済みます。また「相手が何を考えているか」だけでなく「自分はこれから何をするべきか」も合わせて質問し、自ら現実を動かすことも忘れないようにしてください。

—今まで、鑑定で体験した不思議なこと、感動したことはありますか？

カードを展開しているとクライアント様の体験したものが映像となって見えることがあります。

感動とは少し違うかもしれませんが、大変な経験をした人ほど優しくて我慢ばかりしているのが分かるので、本当に切なくなります。

—一言でいって、先生にとって「占い」とはどのようなものですか？

「信じるものではなく利用するもの」と考えています。

信じる＝自分が占いより下にいて占いに飲み込まれることになりますが、利用する＝自分が占いより上にいて占いを使いこなすことができるのです。占いは「当たった・外れた」だけでなく「どう利用するか」を念頭において使ってください。

場所／川崎市高津区下作延　**鑑定の申込方法**／メールもしくはLINE
メール／tenshoukokone@gmail.com　**LINE ID**／tenshoukokone

神奈川県

暢星《ようせい》

直観力や霊聴による独自の占術と相談者の不安感を包み込む人柄で次へと進む勇気と元気をくれる占い師。柔らかい物腰と言葉選びで、安心して相談ができると口コミが広がり、テレビ、ラジオ番組、雑誌での鑑定経験もあり。多くの占術を駆使した鑑定で数多くの数年越しの復縁を叶え、夢を追いかける人々をサポート。現実に囚われ過ぎず、様々な恋愛観や価値観に対して否定的でない人柄で占いジプシーを救った実績も多い。

【主な占術】霊感・霊聴・タロット・西洋占星術

—先生の占い師への経緯（占いとの出会い）をお聞かせください。

霊感の強い家系に生まれ、幼少期から不思議な体験を経験し、スピリチュアルな世界に育まれました。誕生日に友人から有名占い師の鑑定をプレゼントされ、天職について尋ねた結果、占い師としての素質を持っていると言われました。翌週から無償でその占い師から学び、その後に対面店での仕事のオファーを受けることになり、私の占い師の道が始まりました。

—先生の得意な占術はなんですか？

言葉が降りてくるのを待ち、それを繋げて意味を持つ言葉にしていく霊聴を得意としています。さらにタロットカードや水晶などを使うことで高位の存在との繋がりを深めることにより言葉が降りやすくなり、ご相談者様のお気持ちにより集中できるようになります。特に恋愛のご相談の場合、お相手の思いを呼び起こす縁結びも得意です。ご相談者様の悩みや願望に対して具体的なアドバイスや示唆を提供し、より良い未来への道筋を導くことを目指しています。

—鑑定で特に心がけていること・気をつけていることはなんですか？

ご相談者様との共感を最も大切にしています。

自分自身の気持ちを同じ位置に置くことにより、どれほどの悲しみや迷いや不安があったのかを理解するところから鑑定を始めます。必要な時には、ご相談者様の指導霊様や守護霊様の声に耳を傾けながら、自分の主観やエゴに左右されないように努めています。

そして、最も重要な情報を簡潔にお伝えすることで、ご相談者様のお気持ちが晴れてより良い未来に目を向けられるよう心がけています。

—鑑定現場のプロとして、初めて鑑定で相談をしようとしている方へのアドバイスをお願いします。

占いを頼る方達は悩みや迷いを抱え、自分の気持ちの整理がつかなくなりどうしようもない状態になっていらっしゃるのが殆どです。

そのような状況の中で占い師に相談内容をきちんとまとめて伝えようと気を使われる必要は全くありません。

一緒に悩みを解決し、より良い道を見つけるお手伝いをしたいと考えていますので、どのような出来事があったのか、どのような不安を抱えているのかそのままお伝え下さい。素直にお心を開いてくださるのが大事だと思います。

—今まで、鑑定で体験した不思議なこと、感動したことはありますか？または困ったことなどもありますか？

ご相談者様の最初のご希望とは異なっても結果的に幸せになられたというご報告を頂くことが一番感動します。

占いのお仕事で困ったことは、ご相談者様もお相手の方も幸福になるために鑑定をしてるのに「呪い」の依頼をされた時でした。

—一言でいって、先生にとって「占い」とはどのようなものですか？

ご相談者様のお気持ちを前向きにし、運命や人生をより深く理解し受け入れることのできるツールの1つだと考えております。

場所／電話占い師名鑑プラス　**鑑定の申込方法**／WEBサイトよりお願い致します
Twitter／https://deasors.com/fortuneteller/d504066/

031

神奈川県

佐倉衣美

さくら・えみ

占いの神様に選ばれた天才タロッティスト。「占い」と全く無縁の状態で、数社の大手電話占いサイトに合格を果たし、一気にトップ鑑定師へと駆け上がった異色の経歴の持ち主。ある日突然、導かれるように「占い師」となり、それから多くの悩みを解決へと導き、今では延べ3万人を超える鑑定実績を持つ。訪れた方を必ず光ある方へと導いてくださる鑑定は、驚異のリピート率98％を誇ります。

【主な占術】タロット

—先生の得意な占術はなんですか？

タロット一択です。タロットには人生の物語が全て描かれています。その組み合わせによって様々な感情の機微や置かれている状況がつぶさに分かる魔法のカードだからです。また、タロットは芸術だと考えています。読み手の感覚と、ご相談者様の波動の融合が共鳴しあってその時必要な言葉や、美しいメッセージを生み出してくれます。ご相談者様がそれらを受け取った時に、思わず涙が溢れ出したり、笑顔になってくださったりするその瞬間がたまらなく好きです。だから私はこれからもタロットと共に美しい物語を創り出してまいりたいと思っています。

—鑑定で特に心がけていること・気をつけていることはなんですか？

どんな結果であろうとも常に光が差す方へご相談者様を導いてまいります。占いで人生は決まりません。幸せにもなりません。幸せは常にその人の心で決まるのです。占いはそれを手伝うツールにすぎません。また、ご相談者様が求めているのは鑑定師の占術でも経歴でも無いと考えています。温かく血が通っていて、寄り添ってくれること、何より鑑定師から溢れ出る希望の光を求めてこられていると思っております。ですから、鑑定師自身が幸せである事、心身ともに健康で優しくある事は常に心がけております。商品は「自分」だと考え日々精進を重ねております。

—鑑定現場のプロとして、初めて鑑定で相談をしようとしている方へのアドバイスをお願いします。

まずは安心して「占いは怖いものではない」とリラックスしてください。お話はまとまっていなくても大丈夫です。何に苦しんでおられるのか、どんな悲しい事があったのか、それを思う存分吐き出してみてください。そこから一体何をお聞きになりたいのか、また何をアドバイスすればいいのか、一番の問題は何なのか、それをまとめるのもプロの鑑定師の仕事です。ですから、何も心配せずにただ「想い」を話してみてください。安心して身をゆだねて、ただただ湧きあがる「感情」をお話下さいね。

—一言でいって、先生にとって「占い」とはどのようなものですか？

占いは人生になりました。鑑定を通して人とのふれあいができ、喜びを味わうことができます。これからも、タロット鑑定で相談者に幸せをもたらすことを、生き甲斐にしたいと思っています。占いは人生に必要はないけれど、生きるのには必要なものです。心が路頭に迷ったとき、不安の闇から抜け出せなくなった時、そこに占いがある事で、必ず希望の光が見えてきます。生きるために一番必要なものは希望です。私の占いは常に光が差す方へとご相談者様を導く事を信条としております。希望があれば人は生きて行けると思います。希望を創り出す一助として占いがもっと身近に皆様の人生にあらんことを願い、今日も私はタロット占いをしています。幸せは常に今この瞬間も、必ず創り出す事が出来るのですよ。

場所／電話　※対面希望の場合は神奈川県圏央地区のカフェ　**鑑定の申込方法**／インスタDM、メールなど
メール／Karuizawa123123@outlook.jp

032

千葉県

マギー・レオナ

タロット、西洋占術の第一人者、故ジョージ土門先生に師事。東洋系占術の重鎮、東海林秀樹先生にも教えを受ける。船橋市で鑑定して四半世紀。親子二代、経営者・専門職・男性のお客様も多数。現在はビビット南船橋４Ｆで占い館「月の扉」を主宰。タロット、九星気学、手相、数秘術などを駆使して恋愛、ビジネス、人間関係、就職、進学などあらゆる分野のご相談に日々対応している。

【主な占術】タロット・九星気学・手相・数秘術など

―先生の占い師への経緯（占いとの出会い）をお聞かせください。

　物心ついた頃から人見知りで、集団の中に溶け込めず、生きづらさを感じていました。そんな中、まずは自分を知りたいと思い、占いを学んでいたのですが、あまりにも腑に落ちることばかりで、「このままでいいんだ」と肩の力が抜けて生きやすくもなりました。同居していた祖母が占いをとても信じる人で、九星気学の暦が身近にあり、占い自体は比較的なじみのあるものでした。勉強しだした頃はまさかプロになるとは考えていなかったのですが、大病をきっかけに、導かれるままにこの世界に飛び込みました。

―鑑定で特に心がけていること・気をつけていることはなんですか？

　お客様には、良い結果でも、そうでなくても来たときよりも元気になっていただきたい。そのために、鑑定結果は言いっぱなしにせず、どういう道があるか、できる限り複数の選択肢を提供し一緒に考えるようにしています。わたし自身、説教されるのもするのも苦手なので、上から物を言うようなことはないと思います。何を相談されても驚いたり、説教口調にはならないので、お客様がリラックスしてお話できるように心がけています。

―鑑定現場のプロとして、初めて鑑定で相談をしようとしている方へのアドバイスをお願いします。

　初めての占いですと、緊張して聞きたいことも忘れてしまう事もあるので、あらかじめメモをとっておきましょう。現実的な話ですが、時間制のお店なら、予算、知りたい内容、初めて鑑定を受けるなどは伝えた方がスムーズです。話が弾み、知らないうちに予算オーバーなんてことにならないでしょう。あと状況など説明するときは曖昧にせずストレートに伝えた方が、より親身になってくれると思いますよ。

―今まで、鑑定で体験した不思議なこと、感動したことはありますか？

　不思議なことが日々多すぎて、当たり前になっている気もしますが…重めの相談内容のときに、いきなりパソコンがフリーズしたり、携帯電話が壊れたなんてことは多々あります。自分が疲れていたのか、直感的に「これはまずい」と思った瞬間パワーストーンのブレスレットの紐がいきなり切れたり。ちょっといいことは、久しくお顔をみていないお客様のお顔が頭に浮かぶと、次の日にいらっしゃったりします。これは結構な確率です。

―一言でいって、先生にとって「占い」とはどのようなものですか？

　ズバリ、生活の一部です。天気予報のように当たり前にいつもあるものです。必要以上に恐れることなく、振り回されるものでもなく、生きていく為に便利で有難いツールだと思っています。占いで自分を知ることにより、生きやすくもなりました。出会えて本当に良かったです。

場所／船橋市浜町２丁目2-7　ビビット南船橋４階　**鑑定の申込方法**／メールで予約受付ます
メール／reona0004@yahoo.co.jp　**WEB**／https://peraichi.com/landing_pages/view/reona0004

033

千葉県

根岸千寿

ねぎし・せんじゅ

幼少期より人が見えないものを視て、聞こえないものを聞き、人が何を考えているのかわかってしまう特異体質。常に自分の肌で感じ取れるエネルギーや波動に意識を向け、霊感を研ぎ澄ます生活を送り成人する。社会人となってからは特に恋愛の相談を多く受け、話すだけで復縁や片思いが成就すると言われようになる。占い師となってからの鑑定人数は6万人超え。対面、電話鑑定、イベントなどで活動中。ラジオ番組出演や雑誌でも取り上げられる。

【主な占術】霊感霊視・オラクルカード

FORTUNE

SIGN

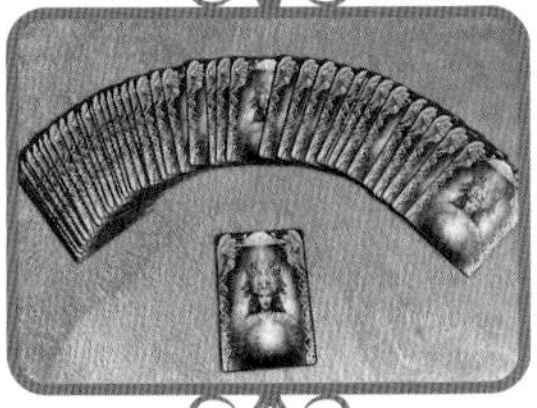

STONE

—先生の占い師への経緯（占いとの出会い）をお聞かせください。

多くの友人達に恋愛や人間関係などの相談を受けてきました。しかし、自分自身が悩みを抱えた時には誰にも相談できずに苦しみ相談できるところを探して、雑誌で電話占いを知りました。

そこで「占い師募集要項」を見つけ、私でも悩んでいる人達の気持を理解し寄り添い、救うことができるのではと気付き、思い切って応募したのがきっかけです。

—先生の得意な占術はなんですか？

霊感霊視（氏名リーディング）です。目に見えないものと遭遇することが多く、特に人のお名前を見ると、性格や思いや過去、未来までも視えます。時期を聞かれる事も多いため、補助的にオラクルカードを使用します。

—鑑定で特に心がけていること・気をつけていることはなんですか？

しっかりとお客様のお話を伺ってお気持ちに寄り添い、気楽にお話しやすい鑑定を心がけております。誰にも相談できずに占い師を頼られてるのですから、怒ったり否定しないようにしております。少しでも解決方法が見い出せるようなアドバイスも致します。

—鑑定現場のプロとして、初めて鑑定で相談をしようとしている方へのアドバイスをお願いします。

初めての鑑定はとても緊張し、何から話せばよいかわからないという方も多くいらっしゃいます。そのような時には「初めてです」とお伝え下さい。そして、ゆっくりで良いので一つずつ話してください。途中で混乱することがあってもしっかり聞いてますので、安心してご相談なさって下さい。

—今まで、鑑定で体験した不思議なこと、感動したことはありますか？

お客様が私の鑑定によって大きな気づきを得られ、成長してお悩みをご自身で解決できるようになられる事が嬉しく感動致します。鑑定の直前にご相談内容が一瞬にして頭の中を巡ってきたという不思議な経験が度々あります。ご相談の最中にご相談者の音信不通だったお相手から連絡が来たという事もあり驚いたこともあります。

—一言でいって、先生にとって「占い」とはどのようなものですか？

気づきと学びです。占いは、人にとっての魂と心の道しるべだと思っております。結果に囚われるのではなく、一人一人の心と魂が気付き合った時に大きく成長し、お悩みは解決し、願いは成就することがわかりました。人の可能性は無限大であり、結果も一つではないということがよくわかりました。占いによって導かれる運命は、まさに神からの声と私は捉えております。

場所／電話占いニーケ　**鑑定の申込方法**／WEBサイトよりお願い致します
WEB／https://niikee.jp/fortuneteller/n505001/

034

茨城県

後藤エレン

ごとう・えれん

「存在自体が癒しそのもの・愛そのもの」と称され、深い癒しと愛を感じていただける鑑定が人気で、これまで約32000件以上の鑑定実績を誇る。神社の家系で、生まれながらに持った霊感、霊視、透視能力を以て、スピリチュアルカウンセリングやタロット、エンジェルカード、チャネリングなどを通じ、視えた事や感じた事の全てを的確に伝え、お一人お一人の魂の望む生き方、使命、天命へと導いていく。

【主な占術】透視・霊視・霊聴・チャネリング・エンジェルカード・数秘術・ヒーリング・タロット・手相・四柱推命・風水・手相・人相・アロマリーディング・アロマヒーリング

—鑑定で特に心がけていること・気をつけていることはなんですか？

私の占いポリシーは、お客様お一人お一人の心深くに寄り添い、魂の学びのスピードに合わせてカウンセリング、鑑定をさせていただく事です。お客様の目の前に現れる問題は何一つ無駄な事はなく、むしろ本来のご自身の輝きのプラスとなるように、どんなにネガティブな状況も好転出来るセッションを行っています。

人生の過渡期には、時に想定できない問題や苦しみ、悲しみと向き合わなければならない時があります。もう2度と立ち上がれないかもしれないと打ちひしがれるような出来事も、春が来れば新たな幸せへの通過点だったと笑顔を取り戻せるように、しっかりと向き合い、心身深く魂レベルで安ぎを感じていただけるように心掛けています。

—鑑定現場のプロとして、初めて鑑定で相談をしようとしている方へのアドバイスをお願いします。

より良い鑑定を受けるポイントは、リラックスして、まず最初に「素直に心を開いてわかりやすく話す」事です。「悪く思われないように」「よく思われる為に」など考えなくても大丈夫です。ネガティブ満載の言葉にだってその根底にある魂の叫びが隠れているように、素直に正直に伝えて下さった言葉には、解決の糸口は必ず潜んでいます。それを見つけるのが私の役目ですので、とにかくどんな思いも遠慮せずありのままにお話し下さい。

—今まで、鑑定で体験した不思議なこと、感動したことはありますか？

一般的な不思議体験は日常茶飯事ですが、子供たちの周りに天使が輝きながら守護している様子や、亡くなった方が大切な人を守る姿、また、ご先祖様がメッセージを伝えるべく私のもとに大切な方を導いていらっしゃる時など一緒に泣いてしまうくらい感動する事があります。妊娠を望むママの元に降りてくる魂の様子が視える時は、何度経験しても心から感動します。時に視たくないものも目にしてしまい考え込んでしまうこともありますが、鑑定ではこのような感動的な出来事もたくさんありますので日々幸せを感じることができています。

—一言でいって、先生にとって「占い」とはどのようなものですか？

私にとって「占い」とは、人生を魂レベルで生きるための「気づきのツール」だと思っています。結果を全て良い悪いだけで片づけるのではなく、「どうしたいのか？」というその先を切り開く選択権が自分自身にあると気づく事で、自分の人生を自分らしく生きる事ができるのです。

「占い」は自分を生きるためや自信を持つため、目醒めるきっかけを見つけるために、効果的に活用するのがおすすめです。「占い」は自分自身を育てるためのツールであり、きっとより良き大人になるための成長をサポートしてくれますよ。

場所／水戸市元吉田町913-1　**鑑定の申込方法**／お申し込みフォームより（https://f-ellen.jp/calendar.html）
電話／080-5873-1444　**メール**／felicitaellen@icloud.com　**WEB**／https://f-ellen.jp/

035

群馬県

天津日《あまつひ》

スピリチュアル鑑定師。本来の第六感に加え、占術やテクニックは霊感、霊視、霊聴、手相、宇宙語まで多岐にわたる。独自の才能と理論に基づいた自動書記による天領文字による護符は願望成就に大きく影響する。幸せになるための具体的なターニングポイントを提示できるのも大きな強みである。オカルティックな多方面に造詣が深く、話すだけで元気になれる、前向きになれるという個性的だが親しみやすい人柄を慕う熱狂的な支持者が多い。

【主な占術】霊感霊視

―先生の占い師への経緯（占いとの出会い）をお聞かせください。

霊感霊視などの才能は生まれつきで、小学6年生の時に浅野八郎先生の「手相術」を手にし人間は手相と言う形で運命を握って生まれてくるのだと思ったのが占いとの出会いです。

その後、自分自身の力をコントロールする手段として占いとの関わりは深くなっていきました。

―先生の得意な占術はなんですか？

主に使っているのは生まれつきの才能である霊感霊視です。本来人間というものは、集合意識で出来上がっていて各個体がその中から発生したような存在です。霊感霊視というのはその集合意識やエネルギー情報に直接アクセスする手法であるため、対象者のお気持ちだけでなく周囲の状況までもが「360度動画」のような見え方をするので最もわかりやすく素早く鑑定が可能だからです。

―鑑定で特に心がけていること・気をつけていることはなんですか？

経験値に乗っ取った正しいことをご相談者に提供することです。

私自身のジャッジをかけない、「良い・悪い、正しい・間違い」と言うジャッジをかけないように気を付けています。占い師は観察者であり傍観者であるので、その上でのアドバイスが大事です。

占いのポリシーは、ご相談者に一人でも幸せになるための思考パターンや概念を植え付け軌道修正をすることです。

―鑑定現場のプロとして、初めて鑑定で相談をしようとしている方へのアドバイスをお願いします。

お話というものは言葉で構成されていますので、感情論でお話をしないことが重要です。

特に私のように感情にリンクするタイプの占い師に感情論でお話されるととても苦しくなります。

事実を率直に述べて希望を伝えられるようになさってください。自分の願望を中心軸において鑑定を受けるのが大事です。

―今まで、鑑定で体験した不思議なこと、感動したことはありますか？

不思議な体験は、失恋のご相談に来られた女性の方の鑑定中にその方の声が男性の声になって大声で怒鳴られたことです。

感動したのは、なかなか結婚できないという44歳の女性のご相談者が、結婚されて45歳で赤ちゃんを出産されたとのご報告を受けたときです。

困った事は、ストーカーのようになる方や思う通りにいかない時に暴言を言われる方がいらっしゃることです。

―一言でいって、先生にとって「占い」とはどのようなものですか？

占いとは「人の口に戸は立てる」ものだと思っています。占いは無くてもいい人には無くてもいいけど文化的には無くては困るものが占いだと思っています。占いという雲を掴むようなことをしながら雲を掴んでいくという世界もあっても良いのではないでしょうか。

願わくば占いと言われるジャンルが世界の平和の基盤になっていけば良いなと常日頃から考えています。

場所／電話占い師名鑑プラス　**鑑定の申込方法**／申込方法/WEBサイトよりお願い致します
WEB／https://deasors.com/fortuneteller/d504007/

群馬県

036

スピリチュアルカウンセラー 葉月

はづき

幼い頃からの強い霊感があり、不思議な縁でこの道に導かれ、今では鑑定師として日々ご相談者様に寄り添い鑑定しています。得意な霊視鑑定に加え、霊能力で除霊浄霊、波動修正やヒーリングも行い、悩みから解放され心身ともに健康で幸せな人生へと歩めるよう、あらゆる面からサポートいたします。サロンでの対面鑑定、リモート、電話鑑定、出張鑑定と様々な形で鑑定を受け付けています。ご相談者様との信頼関係を大事にしておりますので、どうぞ安心して頼ってください。

【主な占術】霊感霊視・除霊浄霊・波動修正・ヒーリング・オーラ・タロット・オラクルカード・数秘術・四柱推命・占星術・姓名判断

—先生の得意な占術はなんですか?

鑑定は主に霊感霊視で行いますが、タロットや命術も使用します。幼い頃からの霊能力で、人のオーラや身体のエネルギーの状態、魂の記憶や未来が視えます。タロットも長くやっているのですが、私は霊力が強い為、知識もありますから読み取る力が強く、お客様からは良く驚かれます。タロット自体不思議なアイテムですが、会話するような感じで手に取るように伝わってくるので鑑定の中で使用する事が多いです。

—鑑定現場のプロとして、初めて鑑定で相談をしようとしている方へのアドバイスをお願いします。

まずは怖がらない事です。警戒心を外して鑑定を受けて頂きたいです。心を開くことを大切にして頂ければ鮮明に視る事ができるからです。占い師である私に限らず、他の占い師さんもそうですが、心からご相談者様の力になりたいと思って真剣に鑑定、アドバイスをしています。鑑定を受けて、伝えられた言葉を受け止めてきちんと自分自身と向きあう事が大切ですので、占い師さんからの言葉を受け止める器を持っておく事は大事だと思います。

—今まで、鑑定で体験した不思議なこと、感動したことはありますか?

あるご相談者様の魂の記憶を辿って視えたことをお伝えすると、「誰にも話した事がない秘密を言い当てられた」とおっしゃっていました。私は前世のお話をしているのですが、今のご相談者様が体験している事と合致していて、なぜこんなことを思うのか、ずっと分からなかった事の理由がやっと分かったと、様々な感情が入り混じりながらも、魂に深い浄化が起き、涙を流しながら感謝を伝えられました。魂は生き続ける。輪廻転生はあると私は断言している程、奇跡の様な事が日々、目の前で起こっています。この世の中には説明できない事もありますし、不思議な事だらけなのです。

—一言でいって、先生にとって「占い」とはどのようなものですか?

そうですね、占いは人生を良くする為の大きな気づきや力を与えてくれるものだと感じています。タロットは今の自分を映し出し、未来を予測してくれる道具のひとつ。うまく活用すればピンチを避けられたり大きく決断するきっかけを与えてくれたりするものです。霊視は目に見えない世界になりますが、霊的な事はとても大切です。エネルギー、波動修正を行う事で心身共に健康や運気の維持、向上に繋がります。占いを上手に使えば人生を好転させる事も出来るのですよ。

場所／邑楽郡大泉町西小泉2-22-11　コーポ西小泉202　**鑑定の申込方法**／メールで予約受付ます
電話／080-9270-6366　**メール**／spiritualsalon8hazuki@gmail.com　**WEB**／http://spiritualcounselor-hazuki.com/

037

栃木県

近藤千歳

こんどう・ちとせ

栃木県日光市生まれ。易学士として運命鑑定業を営む母親の影響で、幼少時より占いの世界に親しむ。母から受け継いだ東洋系占術に加え、独学で西洋占術を修め、日本人として初めてISAR（国際占星学研究協会）でC.A.P.（認定占星術専門家）に認定された。株式会社ジャネット代表取締役。ライフデザインアドバイザー（BAA認定登録第08423号）。『密教曼荼羅タロット』制作監修。高野山真言宗にて得度（僧名：千照）。

【主な占術】西洋占星術・タロット

—先生の占い師への経緯（占いとの出会い）をお聞かせください。

母が霊感の強い人で、易や四柱推命、気学（方位学）など東洋系の占術に精通していたため、物心ついたころから占いが身近にありました。数学が好きだったこともあり、中学生の頃に簡易的な天文暦を使ってホロスコープの計算をしたのが楽しく、自分や家族のホロスコープを作って解釈するようになったのが始まりです。表面的には普通に過ごしていても悩みを抱えていたりする人がいるのを肌感覚で感じ、読んでくれた人が問題解決のきっかけをつかめたり、一歩を踏み出す勇気が持てたら良いなと思い、90年代後半にインターネット上で占星術コラムを書き始めました。

—鑑定で特に心がけていること・気をつけていることはなんですか？

ビジネス・コンサルではなく、個人のご相談の場合は相談者が「それぞれにユニークな個性のある一人の人間として素晴らしい人生をおくること」を支援し応援することを大事にしています。また、個々人の問題でもビジネス上の問題でも、人は時々、解決できないような問題の前でうろたえ、出口の見えない暗いトンネルの中で希望を見失ってしまうことがあります。そうした時に、客観的な視点で問題をとらえ、深層にある事柄を理解することができ、前に進む勇気や解決の糸口を見つけ出すための指針や情報を提供するのが、占星家としての役割であると考えています。

—鑑定現場のプロとして、初めて鑑定で相談をしようとしている方へのアドバイスをお願いします。

「日本人として生まれた」といった自分では変えられない運命は誰もが持っていますが、大方の人生にはある程度の自由意志をもって向き合うことができます。そのため、「自分がどうしたいのか」といった希望や目的をある程度はっきりさせてご相談に来た方が、それらを実現していくためのよいアドバイスが得られると思います。占いが自分の人生や運命を決めるのではなく、自身の問題解決やより良い未来づくりをするために、状況分析や判断、決断や行動をするための様々な情報が得られるツールと認識することが大切だと思います。

—一言でいって、先生にとって「占い」とはどのようなものですか？

個々人にとっては人生をより自分らしく豊かに生きるための、ビジネスやプロジェクトなどにとっては目的達成を導くための、「宝の地図」のような情報を提供してくれる素晴らしいツールです。旅行する時にロードマップや路線図、時刻表、交通情報、現地のトラベルガイドや天気予報などの情報があれば安心して目的地に向かえるように、人生という旅を楽しむためにホロスコープやタロットからはたくさんの役立つ情報をリーディングすることができます。もちろん行き当たりばったりの旅も楽しいですが、例えば山中で道に迷ってしまったなど、何か問題が生じてしまったときに地図や磁石など、何らかのツールがあれば窮地を脱出できるはずです。

場所／大日光明庵（日光市板橋178番地77）　**鑑定の申込方法**／下記の内容を明記の上、メールにてお申込【氏名、年齢、性別、ご住所、連絡先メールアドレス、ご希望のコース、ご希望日時（第3希望まで）、主なご相談内容】**メール**／dka-info@astrology.jp

038

大阪府

木村伯龍
きむら・はくりゅう

大分県に生まれる。23歳の時、神戸の古本屋で、「水野南北相法」に出会い、勉強に入る。25歳の時に自分の手相を見て、35歳までは運が開かないのだとショックを受けるが、それなら35歳で占い師に成ろうと決心。30歳の時に水商売に入り、35歳で占い師としてデビュー。2016年「手相気血色」の本を出版。2017年より東京進出、現在「人相の眼の秘伝」執筆中。

【主な占術】手相・人相・九星気学

—先生の占い師への経緯（占いとの出会い）をお聞かせください。

14歳の時、祖母や母が占い師さんに見てもらったことがよく当たっており、子ども心に不思議に思っていました。23歳の時、神戸の古本屋さんで「水野南北相法（全）」を見て、「このようにして見れば分かるのか！」と、初めて見た本にすごい驚きと納得がありました。この驚きは、今もあります。

—先生の得意な占術はなんですか？

手相、人相から勉強が始まり九星気学を学びましたが、人相に費やした時間が多く、自分なりの解釈もできるようになりました。人相は、今起きていることがリアルに象意として出てくるので、今現在悩みを抱えている人の相談や展開についてのアドバイスがしやすい利点があります。また、対人関係においても相手の心情や状況が分かるので、対応に便利です。

—鑑定で特に心がけていること・気をつけていることはなんですか？

「明日、貴方は穴に落ちて怪我をする！」と言われたら、誰だって下を向いて歩きます。そして「穴を見つけたら、落ちません！」というように、未来に対する暗示が分かれば、それに上手に対応していくことで悪くはなりません。決して未来は決まっていない、という前提でものを考えているので、未来に対して不安や恐れを抱いている人に「今を変えれば、未来が代わる」ということを伝えるようにしています。

—鑑定現場のプロとして、初めて鑑定で相談をしようとしている方へのアドバイスをお願いします。

自分の心情を説明するよりも、今の自分の置かれている状況を説明して占ってもらった方が良いと思います。占い師さんによっては、話を聞いて同情したり、正義感から相手に対しての偏見が出てしまったりして、偏った判断になりかねません。何事も先入観を抱かせず、現実を直視して判断していただくのが良いと思います。

—今まで、鑑定で体験した不思議なこと、感動したことはありますか？

ある奥さんが、鑑定所に来られて「ここに来るのは10年ぶりです。先生が言った月に男性が現れ、先生が言った年に結婚しました。その時、先生は『女の子が2人できるからね』と言いました。結婚してすぐ女の子ができました。またしばらくして、妊娠しました。今度も女の子だと思っていたら、少ししゃべれる歳になっていた最初の子が、私のお腹を見て『男子が来るからね』と言うのです。『なんで？』と聞くと、『上のほうで、私と男の子とどちらが先に行くと言った時、男の子は勇気がなかったので、私が先に飛び降りたから、次に来るのは男の子』と言いました。私は女の子だと思っていたので、軽く『そう～』と答えましたが、生まれてきたのは男の子でした」と。生まれてくる子は、上から降りてくるということみたいです。

—一言でいって、先生にとって「占い」とはどのようなものですか？

テレビや映画などに出てくる人生ゲームより、もっとスリリングな世界が見られるもの。

場所／大阪市中央区西心斎橋2丁目12-22　419号　**鑑定の申込方法**／電話予約
電話／06-6212-1672

039

大阪府

吉本晃子

よしもと・あきこ

幼少の頃より、占い師である祖父と叔父を見て育ち、10代の頃より叔父から占術を学ぶ上で、占いのもつ神秘性に強く心を引かれ、自分の運命への疑問、不思議さに興味を持つようになり、どのようにすれば自分の境遇を開運させられるのかを常に考えておりました。これまでの試行錯誤の中で独自の開運法を見つけ、お客様を開運へ導くことができる鑑定士をこころざしこの世界に入りました。

【主な占術】四柱推命・易占タロット・人相・手相・気学

―先生の占い師への経緯（占いとの出会い）をお聞かせください。

長年占術の指導をしてくれていた叔父が突然他界したことで、今から20年程前に西日本易学院、能勢眞觀先生との御縁を頂き、先生のご指導の元に四柱推命、易学を含む他の占術も学びました。今年4年4月より新たな場所にて西日本易学院を引き継ぐ事となりました。

―先生の得意な占術はなんですか？

四柱推命はその方が生まれてから死ぬまでの運の流れを知ることで一番的確に人生の流れを知ることができ、曖昧ではなく、日常生活に沿ったアドバイスが出来る占術であることが、自分自身の鑑定スタイルとしてもお客様に喜ばれていると確信しております。特に四柱推命は、その方の一生の流れを知る事により、その方の性格の癖、運命の癖を見抜き、今進むべきなのか、止めるべきなのかを的確に判断する事ができます。

―鑑定で特に心がけていること・気をつけていることはなんですか？

お客様との信頼関係において、説得力、解決策がないところに占いは成り立ちません。その為には、まず占い師である私が開運者でなければいけないと思っております。

鑑定師も一人の人間です。どんな時もありますが、毎日同じ状態で鑑定にたち、揺るがない心でお客様に接し、私と御縁のあったお客様には必ず「今日より明日がより良いものになるように」導きアドバイスをさせていただくことで必ず笑顔でお帰りいただけるよう心掛けております。

―鑑定現場のプロとして、初めて鑑定で相談をしようとしている方へのアドバイスをお願いします。

私のところに来られるお客様は、主に開運方法、開運時期についてのアドバイスを希望される方が大勢いらっしゃいます。大前提として、より良いアドバイスをさせて頂く為には、あるがままをお話しして頂くことがお客様を開運させる近道になります。どうか気楽なお気持ちでご相談して頂けたらと思います。

―今まで、鑑定で体験した不思議なこと、感動したことはありますか？

私も10代の頃から沢山の悩みを経験して参りました。その時に人生の道しるべになったのが占いです。この頃に占いとの出会いが無ければ、今日の私はなかったと言っても過言ではありません。偶然の出来事から叔父が生きていた頃に鑑定していたお客様との御縁があり、今は私がその方の鑑定をさせて頂いております。何も意味がないようにみえる御縁にもすべて意味があり、その方と出会わなければならない理由があります。

―一言でいって、先生にとって「占い」とはどのようなものですか？

「占いにおける開運法は、私一人では成立せず、お客様も共に自分の内面を見つめ直し、良くなりたいと思う強い心と行動が成立しなければ開運は始まらない」

人生で行き詰まった時に的確なアドバイスをし、お客様が少しでも明るい気持ちで前を向いて歩んでいけるように背中を推してあげる人生の道しるべこそが占いだと思っております。

場所／大阪市天王寺区生玉町10番20号　朝日プラザ高津第2-604号　**鑑定の申込方法**／メール予約または電話予約
電話／050-1323-5169（学院）／080-9163-6492（携帯）　**メール**／info@ekigakuin.com

040

大阪府

うぶ花《うぶか》

北海道はオホーツクの生まれです。生母や祖母、曾祖母たちは青森県の恐山のイタコとして活動していましたが、私自身は幼い頃よりキリスト教（プロテスタント）に親しみました。そして結婚を機に大阪へ。三男三女を育てながら高次元のメッセンジャーたちと日々交信を重ねる毎日です。心斎橋にある鑑定ルームは、白とピンクを基調にしており、お客様の悩みを受け止め、解決に導く天使や妖精が働きやすいイメージにしてあります。

【主な占術】西洋占星術・タロット・四柱推命・風水・霊感霊視・姓名判断・スピリチュアルカウンセリング

―先生の占い師への経緯（占いとの出会い）をお聞かせください。

小学校一年生の時、同じクラスの女の子が、今まで見たこともない不思議なカードを学校に持ってきました。その子は、そのカードで先生やクラスメイトたちの考え、趣味などをどんどん当てていくのです。それにすごく驚いて、その日以来私はそのカードにすっかり魅了されてしまいました。思えば、あれが私の占いとの初めての出会いだったかな……と思います。

―先生の得意な占術はなんですか？

いちばん得意とするのは西洋占星術です。お客様のホロスコープ（星図表）をじっと眺めていると、その天体が、お客様の情報やまだ見ぬ未来など、いろいろなことを語りかけてきます。それはとても不思議で、カオス的な感覚なのですが、的中率も高いので西洋占星術がいちばん好きです。タロットカードも西洋占星術と連動している部分が多いので、よく使います。

―鑑定で特に心がけていること・気をつけていることはなんですか？

「占いピュアローズ」ではお話しした時間によって金額が決められているため、お客様に余計な時間の発生をさせないよう、私自身の経験や世間話などは一切しないように努めています。また、けしてお説教はいたしません。私自身が人にお説教されることが嫌いなこともありますが、基本的に私のような者が、高ぶって人にお説教ができる立場にはないと思うからです。

―鑑定現場のプロとして、初めて鑑定で相談をしようとしている方へのアドバイスをお願いします。

たとえ占い師といえど、初対面の人に自分の秘密を話す勇気がないのはよくわかります。しかし、言いにくいからといって何も話さないとか、あるいは嘘の情報を伝えてしまうと、当たるものも当たりません。嘘や作り話は時間とお金の無駄ですので、そこはちょっとがんばって心をオープンにし、正直な情報を伝えるようにして下さい。

―今まで、鑑定で体験した不思議なこと、感動したことはありますか？

私は基本出たまま、見えたままを正直にお話ししますが、過去に一度だけ嘘の鑑定をしたことがあります。余命3ヶ月と言われたお客様に「私が3ヶ月後に死なないと言うのならその根拠を説明して下さい」と迫られ「私の流派では印綬（絶）は寿命ではないですから」と言いました。3ヶ月後、出勤すると暗がりの店内にブーツを履いた白い女性の影が立っているのが見えました。「嘘を言ってごめんなさい」と語りかけると、その影はすうっと消えていきました。あれは今でも忘れられない不思議な思い出です。

―一言でいって、先生にとって「占い」とはどのようなものですか？

私は人一倍小心者で、臆病な性格です。失敗を恐れない、おおらかで遊び心のある人が、どんなにか羨ましく見えることでしょう。ですから、「占いとは」と聞かれたら「転ばぬ先の杖」と即答します。もちろん、杖を持っていても転んでしまうことはありますが（笑）。

場所／大阪市中央区西心斎橋1-15-13　アートマスターズ心斎橋ビル１階「占いピュアローズ」　**鑑定の申込方法**／ライン、メール、電話でお願いします　**電話**／06-6226-7288（または080-6117-3393）　**メール**／jasmine3782@gmail.com　**LINE ID**／purerose3782

―先生の占い師への経緯（占いとの出会い）をお聞かせください。

子どもの頃、家に占いの本が置いてありました。祖父や母からの影響です。また小学1年生の時に12星座というものを知りましたが、占い師に結びつくまでには至りませんでした。30歳を前に初めて「占い館」へ行くようになり、相談しているうちに占い師の仕事に興味を持ったのです。ある先生を紹介いただいて勉強を始め、イベントに出演させていただき、占い師の道へと進みました。

―先生の得意な占術はなんですか？

最初に習った「タロット」と「西洋占星術」です。タロットは先生やカードとの相性が良かったのか、スムーズに覚えて使えるようになっていきました。イベントもタロットだけで出演し、経験を積ませていただきました。西洋占星術は何度も挫折しているのですが、それでも分かるようになりたいという思いで学習を重ねています。

041

大阪府

紬咲晴加

つさき・はるか

2001年～2005年、タロット占術師としてイベント出演、本格的な活動を始める。2015年、西洋占星術習得を完了しイベント活動を再開。2016年「ルーナ難波店」出演。西洋占星術・タロット・アストロダイス・手相を使い、前向きに人生を進ませる占い師を目指し活動を続ける。99.8％女性のお客様が来られ受付でも不思議に思われる。コアなファンが多くリピーターさまも初期の頃から、お越しいただいている方が多い。

【主な占術】西洋占星術・タロット

―鑑定で特に心がけていること・気をつけていることはなんですか？

悩める方に寄り添いながら状況に合わせたアドバイスをし、最後には一緒に笑い合えることのできる占い師をモットーにしています。リアリストなので、現実的に小さな一歩からでも動かせていけることを探したいと思っています。占いで示されたことをヒントにして進めそうか、それとも違う方法が良いのか、確認し合って応援していきたいと思っています。

―鑑定現場のプロとして、初めて鑑定で相談をしようとしている方へのアドバイスをお願いします。

占いには種類があります。それは悩む内容に適した占術があるからです。何を知りたいかに合わせて占術を選んでいただけると、より良い答えが聞けると思います。占いの結果を受けて人生を歩むのは、最終的に来られた方の選択や生き方に繋がります。アドバイスを受けて、どう人生を歩んでいくのかを真剣に考えていただけたら嬉しいです。

―今まで、鑑定で体験した不思議なこと、感動したことはありますか？

タロットではよく、質問を変えてシャッフルし直して占うのですが、テーマになることや気になること、これをなんとかしないと……という時には、何度も同じカードが出てきます。「今回は、このカードに沿ったテーマなんだな」ということがよくあります。また、最初は難しい状況でも、アドバイスを理解しながらご自身で選択して少しずつ歩んでいき、良い結果を掴んでいかれる方には「ホントに頑張ったよね！」と感動します。

―一言でいって、先生にとって「占い」とはどのようなものですか？

自分や相手の特徴や強みを知ること、自分らしく生きていく説明書だと思います。あなたの良いところ、気をつけて自分を表現するところが分かると振る舞い方が分かり、ラクに生きられると思います。また、人生が長くなり「どう生きていこうか」と思う時の大まかな羅針盤として人生の流れを知っておくことも、楽しく生きるためのヒントになります。

場所／「占いの館ルーナ 梅田2号店・1号店」大阪市北区芝田2-3-23　メイプル芝田ビル7階・8階　**鑑定の申込方法**／電話予約
電話／06-6676-8450（7階・2号店）06-6110-5098（8階・1号店）

042

大阪府

Asami
あさみ

鑑定実績は約5,400名以上。遠い過去から未来まで見通す能力の持ち主。カードから相談者の深層心理まで読み解き、感嘆されることは数多い。正確な腕前と、親身に寄り添う人柄が評判で、特にオリジナルスプレッドを使うタロットが人気を集めている。現在「占いの館　キセキ」に在籍中。占いサイト「さちこい」https://www.goodfortune.jpにて恋愛コラムを執筆。

【占い占術】タロット・西洋占星術・手相・ルーン・梅花心易

—先生の占い師への経緯（占いとの出会い）をお聞かせください。

昔から占いが好きで、大人になってからもよく通っていました。定期的に運勢や適職をみていただく感じだったのですが、ある時期にいわゆる〝どん詰まり〟のような状態になってしまい、全くどうしていいのかわからなくなってしまったんです。その時に受けたセッションが、今の私自身が占い師としての道を選んだ、直接のきっかけとなりました。

—先生の得意な占術はなんですか？

私の専門はタロットになります。様々な占いが好きだったものの、タロット占いだけは実は信じていなかったんですが、初めて受けたタロット占いで衝撃を受けたんです。今の私の状況、そして未来も、すごく納得いくものだったんですよ。その先生には詳しく説明してないのに、まるで私をみてきたかのような結果が出て。すぐにその先生の教室に通いました。

—鑑定で特に心がけていること・気をつけていることはなんですか？

『地道な占い師』です。最近は、カウンセラー的な役割をしているという占い師さんもたくさん見られるのですが、占いはもともと吉凶を占うものですから、まず結果ありきで、アドバイスはその次と考えています。だから、悪い結果が出た時は、私はそのように伝えます。アドバイスに関しては、求められたらいたします。

—鑑定現場のプロとして、初めて鑑定で相談をしようとしている方へのアドバイスをお願いします。

まず、自分がしっくりくる回答を得るためにも、占術を決めておくことをお勧めします。相談事ならタロットや易など卜占、運勢や適職などが知りたいなら西洋占星術や、四柱推命などの統計学的な命占ですね。方角に関しては九星気学。また、詳しく説明してくれたほうが的中率が上がるという占い師さんが多いので、占い師からの質問には答えたほうがいいと思います。

—今まで、鑑定で体験した不思議なこと、感動したことはありますか？

事後報告はもちろんうれしいです。あとやっぱり職業上、頼っていただけていると感じた時もすごくやりがいを感じますね。でもやっぱり一番うれしいのは、お客さまの〝当たった！〟の一言だったりします。不思議なことは、何度も同じカードが出る時。警告の意味でもあるので、何かよっぽど伝えたいんだなと思ったりはします。あと、本人がまったく気づいていなかったことが、占いでは出てきたりもしますね。

—一言でいって、先生にとって「占い」とはどのようなものですか？

『人生の羅針盤』ですね。私は、運命はある程度決まっているものと思っています。どうしていいかわからなくなった時、頼るところが思いつかない時、占ってもらうことで何か道が開けることはありますし。今の自分に対する認識や価値観に、一石を投じるものにはなると思います。もちろん、未来や自分の性格、才能などを興味本位で楽しむのもいいと思います。多くの使い方ができるのも、占いのいいところですよね。

場所／「占いの館ルーナ 梅田店」大阪市北区芝田2-3-23メイプル芝田ビル 8F　**鑑定の申込方法**／直接来店・電話予約
電話／06-6110-5098　**WEB**／https://luna-fortune.net/

043

兵庫県

万野愛果

まんの・あいか

神戸元町にて占い館「天使のうさぎ」を運営。中国4000年の統計学を柱とした運勢のバイオリズムを鑑定に取り入れて企業鑑定・社名鑑定・人事相談・家相診断・結婚相談などを手がける。鑑定者数は6万人に上り、現在は師として後進の育成にも力を入れており、占い師養成講座を各地で開催。産経新聞「今週のあなた」の執筆をはじめ、新聞・テレビなどメディアにも多数出演実績を誇る。

【主な占術】四柱推命・カモワンタロット・気学・易学・家相学・手相・観相・姓名判断・六壬神課など

—先生の占い師への経緯（占いとの出会い）をお聞かせください。

幼い頃から占いに夢中でしたが、小学6年生の時に塾講師が持っていた1冊の数霊術の本と出会った事がきっかけで学びを深めていきました。その後身近にいる友人、知人、家族を占うようになり、高校卒業後も占いの勉強に明け暮れ、20歳の時には易学、気学、四柱推命、西洋占星術などを本格的に学ぶため、大阪の占い専門学校に通いはじめました。

—先生の得意な占術はなんですか？

西洋のカモワンタロットで神の声を聞き、東洋の統計学・家相学を用いて開運に導く、東洋の統計学の帝王学推命占いである四柱推命です。この四柱推命は、奥が深く色々な日常的な事件や事柄が如実に現れてきます。それも日にち単位でわかるのです。「西洋のカモワンタロット」これは、神降ろしと言われるように、相手の今の状態や心の中、亡くなった方々の声を詳細に聞くことができるので、皆様の抱えるお悩みを解決へと導く最善の占術だと考えています。四柱推命という統計学から導かれる運勢から、どのように上手く人生を歩んでいけば良いかの開運指導をさせていただきます。

—鑑定現場のプロとして、初めて鑑定で相談をしようとしている方へのアドバイスをお願いします。

占い師を前にすると、緊張して相談したい内容を忘れてしまう方が多いので、鑑定を受ける前に何を聞きたいかを、書き留めて置くことが大切です。そして定められた鑑定時間を有意義な時間にしていただくためにも、何個質問（占いたい事）があるかを、最初に明確に占い師に伝えることをおすすめします。例えば私は、1つの問題を5分くらいで鑑定していきますので、3つあるなら15分程鑑定時間を頂きます。先に聞きたい内容とその数を伝えることで、占い師は鑑定時間内で全てにお答えできるように時間配分していくと思いますので、「聞けなかった」なんて残念なことにはならないと思います。

—今まで、鑑定で体験した不思議なこと、感動したことはありますか？

鑑定中、霊的存在がその子孫に話しかけたい事がある時は、よく私のパソコンがフリーズして動かなくなってしまいます。ご相談者様に本当に怒っている先祖様がいらっしゃる場合なんかは、前の日の夜から私のところに訪問に来られることもあります。もちろん、嬉しい事もたくさんありますよ。鑑定をしているとその方を守っている守護神の光が見えてきて、その人のことを応援していると伝えにいらっしゃることがあります。とても幻想的で、実に感動的な瞬間です。この占いを通して、私は見えないあの世の世界と神の世の世界を見せて頂いていているので、日々このような心の奥底が揺さぶられるような感動体験を一緒にさせていただいているのです。

場所／神戸市中央区元町通5-7-4 セイシェル神戸1階B「占い館 天使のうさぎ」（オンライン可）　**鑑定の申込方法**／電話もしくはLINE
電話／078-351-0120　**LINE ID**／tensinousagi　**WEB**／https://www.tensinousagi.com　**メール**／tenshinousagi@gmail.com

044

兵庫県

ミスカトニック

私は狐憑きの伝説のある家系に生まれ、生まれつき霊感霊視の能力がありました。20歳のころ、大きな神秘体験で鑑定の能力が開花し、その後占い師、スピリチュアル・カウンセラーとしての活動を開始しました。その後も神秘体験を幾度もなく経験し、それに比例するかのように霊的な能力が高まってきました。今は、その与えられた能力を用いて、悩んでいる方、不安や心配などを抱えている方に対して、真実と進むべき道をお伝えしています。

【主な占術】霊感霊視・チャネリング

—先生の占い師への経緯（占いとの出会い）をお聞かせください。

20歳の時に神秘的な体験をし、それ以降スピリチュアルな能力が高まりました。32歳の頃、あるきっかけで手にしたタロットカードが占い師としての原点です。当初はタロットカードを用いて占いをしたのですが、私自身の潜在意識がどうしても反映されるため、客観的に真実を見るために霊感霊視に切り替えました。

—先生の得意な占術はなんですか？

霊感霊視、チャネリングです。ご相談に来られた方が置かれている状況や相手の気持ち、そして今後の展開をリーディングしていきます。元々生まれ持った霊的な能力、そして20歳の頃に体験した「高次元の存在」との出会いが重なり、鑑定を行う霊的な能力が非常に高くなりました。また、霊的な能力を維持向上させるためには自己鍛錬が必要なため、日常的に努力を行っています。

—鑑定で特に心がけていること・気をつけていることはなんですか？

ご相談者ではうかがい知ることのできない真実の深層を明らかにすることです。また同時に、恋愛や人間関係の場合は、相手の気持ちも同時に霊視します。そうすることによって現状が把握でき、それによって進むべき道も明らかになるからです。また、建設的かつ解決へ向けたアドバイスを意識しています。

—鑑定現場のプロとして、初めて鑑定で相談をしようとしている方へのアドバイスをお願いします。

リラックスした状態でお越しください。生年月日や細かい状況の説明は不要です。そうした情報がなくても、霊感霊視とチャネリングを用いて、状況や相手の気持ちの深層などを深く霊視していきます。また、鑑定を受けた後は希望が待っているということを意識してください。状況が絶望的に思えても、希望の光は必ずあります。その希望の光に向かって進むのだという意識を持っていただけると、より良い結果へと結びついていくことでしょう。

—今まで、鑑定で体験した不思議なこと、感動したことはありますか？

チャネリングでご相談者様の守護霊を見たときに、どう考えても不可能だと思えるご相談内容が、実は成就可能だと言われ、アドバイスとともにお伝えしたところ数か月で成就した、というケースがあります。また、ご相談者様の願いが成就した、特に難しいと思えるご相談が成就したというのは感動もしますし、鑑定師冥利に尽きます。

—一言でいって、先生にとって「占い」とはどのようなものですか？

希望の光を見出すものです。占いは古来の方が生きていく術であったのと同時に、指針でもありました。それは現在でも変わっておらず、我々に進むべき道を照らしてくれます。当たり外れも重要ですが、それ以上に重要なのは、現状と未来を知った上で、どのように生きればいいのかを知ることです。占いは、どのように生きればいいのかを示してくれます。

場所／電話占い師名鑑プラス　**鑑定の申込方法**／申込方法/WEBサイトよりお願い致します
WEB／https://deasors.com/fortuneteller/d504025/

045

兵庫県

海晶シャノワール

あいら・しゃのわーる

学生時代の虐めという辛い経験から命を絶とうとしたことで霊感が鋭くなり、自ら救いを求めるように占いという世界に踏み入りました。多くの占術を学び、対面鑑定のアシスタントや電話鑑定、メール鑑定などの経験を得て現在、師と仰ぐ占い師と出会い本格的に占いという道に入りました。ライブ配信も行っており、占いというツールを使って虐めに苦しむ子供達の最強の相談相手になれるような占いインフルエンサーを目指しています。

【主な占術】霊感霊視・タロット・フェチ占い・西洋占星術

—先生の占い師への経緯（占いとの出会い）をお聞かせください。

虐めにあっていた自分自身を見つめ直すためと人の気持ちが流れ込んでくるのが苦しくコントロールの方法を知りたいと思ったのがきっかけです。同時に自分が持っている力を同じ悩みを持つ人達を助けるために使いたいと思いました。昨今、虐め問題が増えてきたのもあり、有名になることで虐めにあって苦しんだり不登校になる子供達の最強の友達・相談相手になれる占い師を目指しています。

—先生の得意な占術はなんですか？

霊感タロット、オラクルカードなどのカードリーディング全般。カードリーディングは同じ一枚のカードでもそれぞれの状況や人物によって読み方が広がります。占い師側だけが選んでいるのではなく鑑定されている側も一緒に回答を作っていけるのはカードリーディングなどの占卜ならではと感じています。

—鑑定で特に心がけていること・気をつけていることはなんですか？

鑑定で大事にしていることは二つです。

まず一つはお客様は自分自身と思い鑑定することです。自分自身だからこそ幸せを本気で願い、幸せの方向に導こうと思えます。

もう一つは出会えてよかったと思って貰えるように心掛けています。占い師は人の人生を変える力を持っているからこそ、その力の意味を理解し正しい方向、明るい方向に導ける占いをしたいと思います。

—鑑定現場のプロとして、初めて鑑定で相談をしようとしている方へのアドバイスをお願いします。

ＹｏｕＴｕｂｅなど匿名で占って貰うツールも増えていますが、詳しい状況を相談者様自身の声をお聞きしながら占い進む道をアドバイス出来るのは対面・電話鑑定だけだと思います。私も声のエネルギーで読み取るため文字だけよりもより深い鑑定ができます。思い切って対面や電話鑑定に踏み込んでくださったら嬉しいです！

—今まで、鑑定で体験した不思議なこと、感動したことはありますか？

配偶者の方が自殺された方のご相談を受けた際に、自殺された方に占いを妨害されたことです。占いを全く信じられてない方だったので、救って欲しい気持ちと相反する行動をとられ困りました。

感動したのは鑑定中に小型犬のエネルギーを感じ「一緒にいてくれてありがとう」と伝えてきたのでそのままお伝えすると「一週間前に亡くなった子です」と泣きながらお話されました。飼い主の方へ感謝を伝えたかったようです。

—一言でいって、先生にとって「占い」とはどのようなものですか？

ご縁があって私に相談をして下さるご相談者の方達は、異なる世界線に存在する自分だと思っておりますので、ご相談者を占いその悩みを解決し心を救うものが「占い」だと思っています。そしてご相談者を通して鑑定の度により深く自分自身を知ることができ、別の自分自身を見つけることができています。

場所／電話占い師名鑑プラス　**鑑定の申込方法**／WEBサイトよりお願い致します
WEB／https://deasors.com/fortuneteller/d504025/

関東
近畿
中部
北海道・東北
九州・沖縄
中国・四国

046

兵庫県

響月ケシー

きょうげつ・けしー

大学卒業後、東証一部上場経営コンサルティングファームにてコンサルタントとして建築不動産業界に従事。独立後は占いの広告代理業を経営し、縁あって風水と出会い学びを深め、風水師として独立。常に鑑定枠は満席御礼の状態で、卍易風水を学びたいという門下生が増えた事で卍易風水スクール一門〝やわらか易団〟を創設し、風水師の育成に専念している。男の子と女の子の母としても日々邁進中です。

【主な占術】卍易風水変法

—先生の占い師への経緯（占いとの出会い）をお聞かせください。

　卍易風水との出会いは、のちに私に卍易風水を教えてくれる先生と仕事上のきっかけで出会ったことが最初の接点でした。当時は自分がエネルギーを費やすものは、とても慎重に選ぶ方だったのですが、この時はあまり深く吟味することなく惹かれるままこの世界に飛び込みました。本当に不思議なご縁があったという感覚ですね。まさか、本業となってこんなにたくさんの弟子を持つことになるとは思っていなかったのですが、今となってはありがたいご縁だったなと思います。

—鑑定で特に心がけていること・気をつけていることはなんですか？

　卍易風水は、断易という中国古来の象徴易を源流としていて、とてもハッキリと吉凶が現れる術なので、それだけ的中もするのですが、元も子もない話にもなりがちなのです。それでは相談者様を本質的な意味でガイド出来ないので、卍易では鑑定結果に基づいたカウンセリングを大事にしています。これがかなり鮮明に心の状況を拾い出せるので、いつも驚きと共に喜んで頂けます。そこにさらに風水による運気改善も出来るので、効果を実感していただける方が多いのです。そして一番大事なことに〃ご相談者様にとっての幸せにちゃんと寄り添えているか？〃を、絶対に外さないと言うことも、術自体の哲学として、術者全員に共有されていることが、我々の自慢ですよ。

—鑑定現場のプロとして、初めて鑑定で相談をしようとしている方へのアドバイスをお願いします。

　まずは〃自分はどうしたいのか？〃について、しっかりと考えていただいてから鑑定を依頼していただくと、迷い続けることや、たくさんの先生の間を彷徨うことなく、非常に実りある鑑定になると思います。

　卍易に限らず占いの多くは〃その人の運命そのもの〃と向き合う非常に稀な役割があります。そのため、ご相談者様が不安定な状態だと、鑑定士がご相談者様の人生の舵をとる、そう言った依存的な間柄になってしまう事もあります。ですから、ある程度〃こういう結果が出たらこうしよう〃と、自分の人生の選択において、どんな指針にしようかをまずはご自身でしっかり考えてからお越しいただけたら、鑑定士は最高のサポートができるのではないかなと思います。

—一言でいって、先生にとって「占い」とはどのようなものですか？

　占いはとても不思議でパワフルな〃調整力〃だと考えています。あくまで、ご相談者様の〃想い〃をサポートする不思議な力であって、誰かの人生を決めつけて断定したり、迷いの中にとどめさせてしまったりする様な不確かさがあってはならないと考えています。けれども、〃こうしたい〃〃こういう人生を送りたい〃という、ご相談者様ご自身の推進力がしっかりとある方のためならば、これ以上ないサポートを発揮して、最善の未来に楽に最短でお導きできるきっかけになれるのではないかと考えています。

場所／兵庫県川西市　**鑑定の申込方法**／ホームページ（下記HP最下部の卍易風水師一覧から全国の門下生へ是非ご依頼くださいませ）
WEB／https://caseyka.jp

047

京都府

マダムひな子

まだむ・ひなこ

10歳でタロットカードを手にし、プロとして30年以上、自身のサロンを持って12年。恋愛運や親子家族運の鑑定もお仕事運においては、芸能　芸術　スポーツ関係など、人気と運気に関わる方々も多く通っています。タロット界のエンパスとして、魂の中に入り込み、お相手の気持ちやご自身の気づいていない才能を視ていきます。そして、それぞれの最高の幸せをみつけるために、常識や既成概念にとらわれない鑑定を心がけています。

【主な占術】スピリチュアルタロット

—先生の占い師への経緯（占いとの出会い）をお聞かせください。

初めてタロットカードを手にしたのは10歳くらいでした。友達を占っては無邪気に笑い合っていたのを覚えています。タロットは良いことも悪いことも当たりましたが、カードに問う意味がわからなくなり、一度封印しました。しかしある日、もっと先の結果や違う結果もあるのではと思い、それを、見つけることができるようになりました。今、再びカードを手にしています。

—先生の得意な占術はなんですか？

タロットカードです。本当に相性が良いと思っています。特にライダー版ですね。78枚全てが絵札になっているので、インスピレーションを引き出しやすいです。私の関わる鑑定では、今の問題であったり、生年月日などの情報が少ないことが多く、タロットカードがしっくりきます。情報があり人生の流れなどがご希望の場合は、推命学を用いることもあります。

—鑑定で特に心がけていること・気をつけていることはなんですか？

ポリシーはただ1つ、「クライアント様の幸せを願う」ということです。目の前にお見えになった方の幸せを一番に考えます。私個人の価値観は交えず、その方の幸せを願い鑑定いたします。また何があっても味方でい続けようと思っています。生きるということは楽しいばかりではありません。もし私を必要としていただけるならば、全力でお支えしたいと思っています。

—鑑定現場のプロとして、初めて鑑定で相談をしようとしている方へのアドバイスをお願いします。

私のタロットの場合は「絶対に必要な情報」というのはありません。ただ、通常はお呼びするお名前をお伺い致します。また可能な限りで大丈夫なのですが、状況をお伺いできると助かります。もちろん個人を特定できる情報は必要ありません。いつ何があって今どうで、どうなりたいのかなどをお伝えいただけると早く鑑定が進みます。

—今まで、鑑定で体験した不思議なこと、感動したことはありますか？

数年前、お仕事とお金に悩み辛い思いをされていた女性がいらっしゃいました。しかし、今はお仕事より恋愛やご結婚の時期とお伝えしましたところ、約一年後に旦那様とご一緒に来られ、またさらに一年後にお子様を連れて来られました。そこでようやく「お仕事」の暗示が出てきましたので、お仕事に復帰となりました。やはりカードはご自身でも気づかないところまでお見通しなんだなと、改めてカードに感謝しました。

—一言でいって、先生にとって「占い」とはどのようなものですか？

スピリチュアルはもともとあって当たり前の能力なのではと思っています。占いは意識の奥へと潜り込んでしまったスピリチュアル、いわゆる第六感を引き出す良い手段だと感じています。社会的な常識や利益のための人間関係ではなく、本当に相性の良いパートナーかどうかや、お仕事においても本来持っている能力を見極めていく良いツールだと捉えています。

場所／京都市中京区蛸屋町152－1　三カラットビル2F　**鑑定の申込方法**／サイトにフォーム有り
電話／090-1912-2290　**メール**／hinako@chatnoir-kyoto.com　**WEB**／chatnoir-kyoto.com

048

京都府

手相観荘子

てそうみ・しょうこ

誰に対しても垣根がなく魂によりそう包容力とどんな時も突き放さない信頼感のある愛と美の女神と定評ある手相観。数年前に突然お菓子作りを始め流れに乗って京都六角通富小路東入にて自家製のお菓子やスコーンと上質な癒しの紅茶をお出しする占いのサロンを出す。手相鑑定をベースにエネルギーリーディング、タロットや易を使い総合的に鑑定。レイキヒーラーでもありパワースポットは自分の中にあるが口癖。

【主な占術】手相・タロット・易・エネルギーリーディング

―先生の占い師への経緯（占いとの出会い）をお聞かせください。

占いを好きな子どもだった私は、ある時手相の本を買ってもらい絶望しました。なぜなら、自分の手にはほとんど線がなかったからです。私は幸せになれないのだとショックを受け、その後は手相から遠ざかるように生きてきましたが、ある出来事をきっかけに導かれるように手相の世界に入り、手相とは掌の線を読むだけではないと知り魅せられていきました。それと同時に、なぜだかわからないけれど手と自分自身はリンクする確信を持ち、心理学、レイキヒーリング、タロットや易なども習得して総合的に鑑定をするようになりました。

―先生の得意な占術はなんですか？

一番得意な占術は手相、タロットや易も得意です。レイキヒーラーでもある私の手相鑑定は、掌の線を読むだけではなく手からのエネルギーや手が語りかけてくる言葉も読み解きます。また、易はその時その人に必要なメッセージが天（宇宙）から私の身体を通して降りてきます。そのような天からのメッセージやタロットカードからのメッセージは出た瞬間に明確に私の中に存在しており、とてもクリアなものです。そして、占術というと語弊がありますがエネルギーリーディングも得意としています。

―鑑定で特に心がけていること・気をつけていることはなんですか？

「今を否定しない」「ありのままを受け入れる」を実践しています。「幸せでありたい」のは人間の普遍的な欲求ですが、今の自分を否定したら何を手に入れても、どんな状態になっても幸せは一瞬で消えてしまいます。現状を受け入れ自分を許すことができたとき、自分の見ていた世界が変化し、輝きだし、その結果未来も輝きだすということを、いつもお伝えしています。

―鑑定現場のプロとして、初めて鑑定で相談をしようとしている方へのアドバイスをお願いします。

心を開くことです。特に手相は、心を閉ざしていると本来のエネルギーが消えてしまいます。せっかくの鑑定するのだから100％満喫してほしいと思います。全ては陰と陽から成り立っていて、誰しも陰と陽を持っていることで完璧なのですから、隠す必要なんてありません。ありのままの貴方で完璧だということを忘れないで、心を開いてください。

―今まで、鑑定で体験した不思議なこと、感動したことはありますか？

お客様の気持ちや考えが自分のことと同じに感じる「同化」がよく起こります。お客様の内面がダイレクトにくるので言葉にしなくても感性で理解し、お客様が泣けない代わりに私の涙が流れて困ったこともあります。また、鑑定していると癒しの涙を流される方が大半です。自分の魂と繋がるからこそ起こる癒しの涙は自分自身を開放する涙でもあるため、それを見る度に感動してしまいます。そして、これも頻度が高いのですが、掌から金粉が出たり、顔色が白くて透き通るような肌になり、頬がピンクになって美しくなったりもします。

場所／京都市中京区六角通富小路東入大黒町88　シルブープレ2階「Tea room S 幸せお菓子と手相」　**鑑定の申込方法**／ネット予約、LINE（チャット機能にて）**LINE ID**／@733ahpxu　**WEB**／https://tearooms.amebaownd.com/（Tea room S 幸せお菓子と手相）

049

三重県

西 美穂

にし・みほ

企業の仕事運を劇的に上げる専門家として活動。一級建築士として住宅や店舗の設計にも従事。新宿の黒門アカデミーで学び認定インストラクターとなり、本場の「風水」を現代日本で広めている。現在は、全国各地で講演やセミナーを開催するなど、活動の幅を広げている。また、鑑定だけではなく、年間60日のセミナーで、多くの相談者を開運している。「風水で人生は変えられる」をモットーに活動中。

【主な占術】 奇門遁甲・四柱推命・陽宅風水・家相・断易

―先生の得意な占術はなんですか？

陽宅風水（四柱推命・奇門遁甲含む）です。風水の鑑定の中で、家の気を観る陽宅風水、人の気を観る四柱推命、時の気を観る奇門遁甲、この「3つの気」をセットで鑑定します。相談者の人生の大きな波の中で何が起こって、どんな困難に直面しているか。または、どんな希望を持って、風水鑑定を依頼したのかなど、その人の人生に何が起こっているのかを探りながら、相談者の命運の波のどのタイミングで、どんな要望があり、いつ何をどのようにしたら開運するのかを読み解いていく興味深さは、他の占術では得られない満足感があり、相談者の喜んでいる姿を見ると、何物にも代え難い幸せを頂いている感じがするからです。

―鑑定で特に心がけていること・気をつけていることはなんですか？

相手に寄り添い、考え得る限りの手法で改善策を提案し、風水の技術の基礎となる理論をお伝えする事です。お客様は色々です。要望も色々です。日本では中国のように本物の風水が普及していません。まずは相談者も風水の基礎となる知識の理解が必要になります。風水は、実は家の中の事だけに留まりません。家の外、敷地の外の環境や親族の家が影響している場合も考えられます。家には色んなパワーが渦巻いているわけですが、それをなるべくわかりやすく、理解してもらいながら、より的確に行動してもらえるように処方しています。

―鑑定現場のプロとして、初めて鑑定で相談をしようとしている方へのアドバイスをお願いします。

隠し事はしないで、要望や悩み事は具体的に明確に教えて頂きたいです。鑑定を怖がる必要はありませんし、むしろあなたの悩みを解決し希望に向かうステップとなるはずです。あなたに合う鑑定士と巡り合う事もまた縁と運かもしれません。

―今まで、鑑定で体験した不思議なこと、感動したことはありますか？

風水を鑑定し処方した際、アドバイスしたことをお客様が行動に移す前から、段々開運していった事です。お客様自身も後から話をしていましたが、この日のこの時間にこれをやると心に決めたあたりから、仕事が段々増え続けたという事でした。断易で、「白い鳥」や「黄色い犬」を使ったりしますが、それをこの日のこの時間にこの方位で使うという処方をすると、不思議なことに相談者が行動してから3日くらい経過すると多くの場合、悩み事が消えたり、要望が叶ったりします。

困ることは、風水は100％効果が出るというわけではないという事です。出ることもあれば、出ないこともあり、その原因を追究できた時は、至福の喜びですが、追究できなかった時は、無力さを感じます。

場所／津市河芸町上野1168-31　**鑑定の申込方法**／https://168fusui.com/contact/
電話／090-9904-1168（出れない場合もございます）　**メール**／168fusui.kantei@gmail.com　**WEB**／https://168fusui.com/

050

滋賀県

高橋政昌
たかはし・せいしょう

野山真言宗の阿闍梨位を持ちながら泰山流四柱推命教授、泰山流直門鑑定師、風水師、各占いの講師として活動しているフリーランスの僧侶です。フリーランスと言っても、滋賀で「高野山大師教会妙昌支部」という布教所を開設しており、毎月21日と28日に護摩を修しております。鑑定はZOOM、LINE＠で行っております。

【主な占術】四柱推命・奇門遁甲・風水

—先生の占い師への経緯（占いとの出会い）をお聞かせください。

私は真言密教に興味と御縁があり、阿闍梨に成りました。そして少しでも人々を導ける勉強をしようと思い、高野山大学へ進学しました。大学で初めて占いに着手したのですが、当て物感が拭いきれず、続きませんでした。しかし数年後のある日、様々な開運法を駆使している番組を見て、占いは当てるだけでなく人生を改善する方法があることを知り、未来が見えた気がし、そこから猛勉強を始めたのです。

—先生の得意な占術はなんですか？

開運法を習得したくて最初に風水を中心に勉強を始めたのですが、開運するためには人の命を詳しく知る必要があると気付いてから、徹底的に命術の勉強に励みました。特に四柱推命は、泰山流の緒方泰州氏に師事し、泰山流教授まで取得しました。ですから、一番得意な占術は四柱推命、次いで風水や奇門遁甲となっております。

—鑑定で特に心がけていること・気をつけていることはなんですか？

私は僧侶です。おこがましいかもしれませんが、少しでも多くの人を鑑定で導きたいと思っています。時には厳しいことを言う時もありますが、大難は小難に、小難は無難に、無難は吉運に、吉運は大吉運にできるよう、必ず開運法や改善法をお伝えします。それには努力を要することも多々ありますが、そこから目を背けず実行してもらえるよう伝えることを、一番心がけています。

—鑑定現場のプロとして、初めて鑑定で相談をしようとしている方へのアドバイスをお願いします。

占いというのは、アバウトな質問にはアバウトな答え、詳細な質問には詳細な答えが返ってくるものです。また、詳細を伝えることで占い時間の短縮になります。それは、占い師がわざわざ経緯などを占う手間が省けるからです。初めての人に限らず、占い師には「事の起こり、経緯、現状、どうしたいか」を伝えるようにしましょう。

—今まで、鑑定で体験した不思議なこと、感動したことはありますか？

数年前、若い女性が友達同士で一緒に鑑定に来られました。主に恋愛について占い、最後に「君たちが男女ならとても良い相性だね」と伝えて鑑定を終えたのです。そして1年後、再びお二人で鑑定に来られた時に「先生に『私達は相性が良い』と言われてからお互いに意識し、数か月後に付き合いだしました！」と告げられ、衝撃を受けたことがあります。お二人は幸せそうでしたが、複雑な気持ちになりました。

—一言でいって、先生にとって「占い」とはどのようなものですか？

占いは人生をより良くするためのツール。結果は絶対ではなく、未来は決定していません。全ての選択肢は自身が持っており、今は過去の選択肢の結果。未来はこれからの選択肢次第で変わります。占いは、人生の選択肢を見つけ出すための羅針盤という道具です。自身の目的地へ少しでも近づけるように、羅針盤を使い人生の航路を見つけましょう。

場所／LINE・Zoom　**鑑定の申込方法**／メールかFacebookのMessenger、LINE＠で予約受付
メール／seisyo168@gmail.com　**LINE ID**／＠vfd2347g　**Facebook**／https://ja-jp.facebook.com/seisyou.takahashi

051

滋賀県

Marimo

まりも

幼少期の頃から視えるはずのないものが視え、誰も聞こえない声や音が聞こえる。19歳の時に霊感、霊視の能力が開花。また予知夢を見て助言をもらうようになる。以後、相手の気持ちを視ると自分の中に入ってくるように。人を見抜く力と時期を当てるのには定評がある。声で癒し波動を整え、どんな悩みでも好転して前向きにさせ、相談者から感動を集めていることから多くリピーターを抱えている。

【主な占術】霊感霊視タロット・オラクルリーディング

FORTUNE

SIGN

TAROT

―先生の占い師への経緯（占いとの出会い）をお聞かせください。

幼い頃の愛読書は、マイバースデーでした。

その頃から占いに興味があり、18～19歳の頃に初めて占いの館へ。

占ってもらう先生方ほとんどに、占い師に向いている、感受性も高く霊感もある。直感が強いけど普通の強い位のレベルじゃないと言われることが多くそこで働くように誘われたのがきっかけです。

―先生の得意な占術はなんですか？

タロットカード、オラクルカードをツールとして降りてくるメッセージや視えるイメージをお伝えしています。

シャッフル中に浮かんでくる映像や数字が視える時もあるので、答え合わせをする感覚でカードを展開しています。

タロットやオラクルカードそれぞれの意味というより、私が感じた感覚でお話しています。

―鑑定で特に心がけていること・気をつけていることはなんですか？

私は、共感能力も強いので、まずはご相談者様の立場になってお話を聞かせて頂いています。

そして、状況や今後の展開を視ていき、降りてきたメッセージを誤魔化さずに正直にお伝えします。例え、悪い結果が出たとしても、好転するようなアドバイスをお伝えしサポートさせて頂きます。

―鑑定現場のプロとして、初めて鑑定で相談をしようとしている方へのアドバイスをお願いします。

初めての時には、緊張や不安が大きく悪い結果が出たらと踏み出せない方も多いと思います。

誰にも言えない悩み抱え一人で悩んで苦しんでるような時は、私にご相談ください。

あなたの立場になってお話を聞きます。私があなたの味方になります。

―今まで、鑑定で体験した不思議なこと、感動したことはありますか？

入ってくる感情や聞こえてくる言葉を伝えると、彼も同じこと言ってました！とおっしゃる方が多いです。

また、時期を伝えると、ご相談者様やお相手様の誕生月だと驚かれることもよくあります。リンクすることが多いです。

妊活のご相談者の方から妊娠報告を頂いたときや時期が当たっていたご報告を頂くと感動します。

―一言でいって、先生にとって「占い」とはどのようなものですか？

天気予報のようなものです。事前に雨が降るかもとわかっていれば傘を持ったり車などで行動できます。

占いも同じように、前もって起きることがわかっていれば、スムーズに進むための対策ができます。

私は曇り空のようにモヤモヤしたお客様の気持ちを太陽のように光で照らし笑顔になって欲しいと思っています。

TAROT

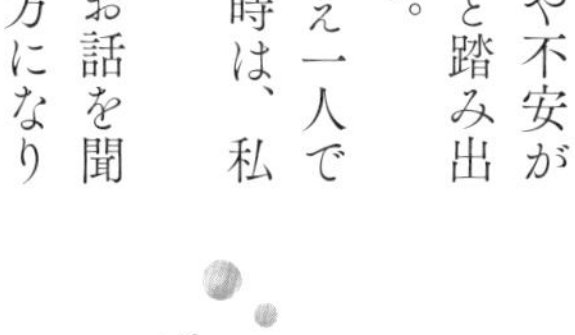

場所／滋賀県　**鑑定の申込方法**／電話鑑定、メール鑑定　**Instagram**／https://www.instagram.com/marimouranai77/
LINE／https://liff.line.me/1645278921-kWRPP32q/?accountId=471ahrtq

052

奈良県

みやざきゆみこ

お悩み相談歴は16年以上、ココナラでは占い総合ランキング1位を取得した実績あり。霊感タロット、チャネリング、西洋占星術、ヒーリング、心理カウンセリングを組み合わせた「潜在意識を整える鑑定」が好評です。私は未来を当てたり予言したりはしません。未来はあなた自身の力で叶えていくものだから。自信がなくても大丈夫。どんな素敵な未来を描いているのか？私に教えてくださいね。その未来を一緒に叶えていきましょう。

【主な占術】タロット・チャネリング・西洋占星術・ヒーリング・メンタルブロック解除

—先生の占い師への経緯（占いとの出会い）をお聞かせください。

10年ほど経営したエステサロンを閉め「私には何が残るのだろうか？　どんな才能があるのだろうか？」と悩んでいた時、たまたま西洋占星術のワークショップをしている人に出会い、面白い!!と思ったのがきっかけです。エステサロンではメンタルカウンセリングやヒーリング、潜在意識の書き換えなども提供していたので、占術と組み合わせるとより深い効果を高められるなと思い、学ぶようになりました。

—先生の得意な占術はなんですか？

占いを学ぼうと思ったきっかけは西洋占星術ですが、実際の鑑定によく使うのはタロットとチャネリングですね。タロットは潜在意識をリーディングするのにすごく便利な占術なんです。そして、鑑定でのアドバイスをしっかり活用して未来を叶えて頂くために、潜在意識の書き換えやトラウマ解放、ヒーリングもよく使います。

—鑑定で特に心がけていること・気をつけていることはなんですか？

未来はすでに決まっているのではなく、自らの手で変えていけるという確信のもと「ご相談者様の希望の未来を叶えるにはどうしたらいいのか？」「幸せな未来を引き寄せるためには何が必要なのか？」「あなたは本当はどうなりたいのか？」ということを大切に鑑定を行っています。どんな相談内容であっても、相談者なりの深い理由があります。お話の情報だけで判断せず、その背景を理解することを心がけています。

—鑑定現場のプロとして、初めて鑑定で相談をしようとしている方へのアドバイスをお願いします。

初めてだといろんな不安や心配があるかと思います。私はお悩みを聞くプロですのでご安心ください。お悩みを話しながら、私の方からもいろいろとご質問しながら相談内容を整理して、問題の本質を分かりやすくひも解いていきます。不安なままで大丈夫なので、あなたのペースでじっくりとお話聞かせてくださいね。

—今まで、鑑定で体験した不思議なこと、感動したことはありますか？

鑑定中は相談者さんと集合意識で深くつながるため、お話を聞かなくてもなんとなくわかってしまうことが多々あります。また、気持ちがスッキリしました！　明日からまた頑張れそうです！という言葉をいただくと非常に励みになります。相談者さんの不安や心配で心が固くなっていたのが、解きほぐされていく感覚が伝わってきた時、占い師をやっててよかったなぁと思います。

—一言でいって、先生にとって「占い」とはどのようなものですか？

「幸せになるために活用するもの」でしょうか？　私は「鑑定結果をどう活用するのか？」で占いの本当の価値が決まると思っているんです。結果の良い悪いで一喜一憂せず、また占い師のアドバイスに縛られず、結果やアドバイスを参考として受け止めた上で、ご自身の納得できる選択をしていくために使ってほしいなと思うし、私自身もそのように活用しています。

場所／非公開　**鑑定の申込方法**／公式サイトのお申込みフォームから受付しております
WEB／https://lit.link/yumikom

053

愛知県

古木千凡

ふるき・ちぼん

鑑定歴23年。圧倒的な的中率を誇る五行推命学（四柱推命）を軸に紫微斗数、奇門遁甲などを使って開運を導く運命鑑定士。相談者の悩みに真摯に向き合い、きめ細かいアドバイスが定評。のべ3万件以上の鑑定経験。リピーターが多く就職から結婚、妊活の相談など、人生に寄り添い鑑定を続けることが多い。著書「人間の運は人間関係にある」を自費出版。のち、2020年説話社より「五行推命 自分を知る開運術」が出版された。

【主な占術】五行推命（四柱推命）・紫微斗数・九星気学・奇門遁甲（方位術）・姓名判断・風水（玄空風水）

―先生の占い師への経緯（占いとの出会い）をお聞かせください。

現在の五行推命の中島学師匠との出会いこそが、私の人生が変わった瞬間です。中島先生に目から鱗の鑑定をしていただき、運命学の素晴らしさと必要性を強く感じました。その後、引っ越し先の九州にて奇門遁甲の第一人者である黒門先生にお会いし、弟子入り。開運方位術の面白さに心を奪われました。

―先生の得意な占術はなんですか？

五行推命学（四柱推命）と紫微斗数です。開運方法として奇門遁甲を使用します。やはり運命学の帝王学として四柱推命で自分を知り、運気を知ることが大切です。紫微斗数では、生まれた時間から命盤を作成していきます。この両面の占術から人間の表の面、裏の面を読み解くことで、アドバイスの幅も広がり問題解決へと導きます。

―鑑定で特に心がけていること・気をつけていることはなんですか？

「人間の運は人間関係にある」この言葉につきます。人は一人の人生だけで運命を決定づけることはできません。周りの環境がとても重要であることを、数々の鑑定経験より学びました。開運は、自分を知り人と上手に関わることが大切であると思います。私の鑑定では相談者だけでなく、関わる周りの人、全てを丁寧にみさせていただいています。

―鑑定現場のプロとして、初めて鑑定で相談をしようとしている方へのアドバイスをお願いします。

どのような悩みでも、鑑定に必要な情報は、名前、生年月日、生まれた時間です。恋愛や結婚では、できる限りお相手の生年月日の情報が必要となります。わからない場合でも、お互いの相性の中でしっかりとアドバイス致します。子どもの問題は家族の生年月日から、仕事関係などの悩み、転職なども全て会社の人間関係を見て問題解決の道をアドバイス致します。周りの方の生年月日をご用意の上、ご相談ください。

―今まで、鑑定で体験した不思議なこと、感動したことはありますか？

騙されそうになった資産家の老夫婦を、占いで救うことができました。営業をしてきた人の生年月日を聞き、契約は絶対やめた方が良いと判断。鑑定の3か月後、営業マンが詐欺罪で捕まったことを聞き、とても感謝されました。また、旦那様の浮気で離婚を思い悩んだ方に「6年間待ちなさい、戻ってきます」とアドバイス。その間、一人息子を育てながら待ち続け、ご主人が戻ってきました。今では新たに娘さんが誕生されたそうで、二倍の幸せですね。

―一言でいって、先生にとって「占い」とはどのようなものですか？

占いは人生の羅針盤です。私たち占い師は、悩み立ち止まった人の背中をそっと支えて進むべく方向を導くお手伝いをしていると思っています。まずはその人の命盤を出してじっくり説明し、自身の個性と運命を目で確かめてもらいます。そこからどう生きてどう開運していくのか、一緒に運命を読み解き築き上げていきます。安心して、何でも気軽に相談してほしいです。

場所／名古屋市中区丸の内3-18-9　秀光堂ビル7階　**鑑定の申込方法**／HP、LINE@
メール／chibon.huruki@gmail.com　**WEB**／https://www.fchibon.com/　**Instagram**／@chibon_furuki　**LINE ID**／@llf2716p

054

愛知県

相賀琉予
あいが・りゅうしょう

インテリアデザイナー・学習塾経営塾長を経て、師・星より『気学・家相・人相・手相・カバラ・タロット・宿曜27宿・神様占い』を修する。1994年に独立し、個人・法人鑑定・講演、講師、執筆と幅広く活動を続け、現在は「歩く占い百科」「大須の母®」とも呼ばれている。雑誌やテレビをはじめとする様々なメディア出演に加え、気学・家相・人相・手相に関する勉強会や講演会を多数開催している。

【主な占術】気学・家相・姓名判断・宿曜経27宿・タロット・小石占い・手相・人相・神様占い・三元源空法

—先生の得意な占術はなんですか?

私は気学・家相・姓名判断・宿曜経27宿・タロットなど、4、5種類の占術を組み合わせながら行う、オリジナルの占術を使った鑑定を得意としています。

内に秘めた物を貯め過ぎている時、執着と不安になってしまう推命は吉、強、凶、救命星などがあり、強星が多すぎれば爆発してしまい行き過ぎた感情に陥ってしまいます。しかし、良い星はどのような人でもたくさん持っているもの。占術を組み合わせて様々な視点で物事を捉え、エナジーを読み取りながら、その感情や状況の不安定を解消し、好調にさせていくことができるのです。

その気づきに力添えさせて頂くことが、私の鑑定だと思います。

—鑑定現場のプロとして、初めて鑑定で相談をしようとしている方へのアドバイスをお願いします。

当たり前のことではありますが、気になるお相手の方の名前の漢字や生年月日が違っていたりした場合は正しい判断ができないため、前もって確認をしてからお越し下さい。家相をご希望の方は平面図、配置図を持参下さい。また、最初から「占いは当たらない」ということを前提に来られると、当たるものも当たらなくなってしまいますのでお気を付けください。何より、皆様最初は緊張されていますが、その緊張感を和らげるために、冗談なども交えながらリラックスして鑑定を受けていただけるように心がけておりますのでどうぞご安心してお越しください。

—今まで、鑑定で体験した不思議なこと、感動したことはありますか?

鑑定ではもちろん、日々生活している中でも沢山の不思議と感動で溢れています。子供のころの話ではありますが、身体の弱かった私は、ある方が送ってくれた霊界物語の本(高橋和己著書、邪宗門)に強く惹かれ、夢中になってその本を読んでいました。その夜、着物姿のお婆さんが、チョコンと私の前に座って何か呟いていたのです。「何か怒ってるの?」と聞くと、「怒っていない、これを食べなさい」と小さな黄色い輪になった物を口に入れてきたのです。

その日を境に見違えるように元気を取り戻し、病気を克服していったのですが、後に友人にこの話をすると、それは非時果実(ときのじくのかくのこのみ)、不老不死をもたらす果実と言われハッとしました。熱心に読んでいたその本と共に私のもとにいらしてくださったのだと。この時のことは今でも鮮明に記憶していますし、当時感じた何とも表現できない不思議な感覚まで覚えています。

—一言でいって、先生にとって「占い」とはどのようなものですか?

「人は幸せになる権利を持っている」これが私の占いの姿勢であります。この世に生を受けたなら誰しも、時に何を求めているのか、どこを目指して歩むべきか分からなくなり、迷い込んでしまうものです。このような誰もの前に訪れる「人生の岐路」に立った時、人は占いという扉を叩くわけで、占いはその扉の先にある人が幸せになるための道へと導くものだと思っています。

場所/名古屋市中区大須4-11-44　チサンマンション上前津503　**鑑定の申込方法**/HPから鑑定申し込みメール予約・電話予約
電話/090-4185-7559　**メール**/senan9sen@gmail.com　**WEB**/aiga-senan.jp/

055

愛知県

青木泉蓉

あおき・せんよう

名古屋大須・占いのオズ代表。四柱推命を中心に鑑定。的中させるのはもちろん、もう一歩踏み込んだ鑑定と具体的なアドバイスを心がける。相談は恋愛をはじめ、転職や会社の人事まで相談内容は幅広い。芸能人やスポーツ選手、格闘技選手なども多く鑑定に訪れる。また鑑定だけでなく、テレビ・ラジオ出演、講演、執筆、占い講座も行う。現在、エフエム群馬 WAIWAI Groovin' 出演中。四柱推命講座開講中。NPO法人日本精神療法学会認定傾聴療法士でもある。

【主な占術】四柱推命・姓名判断・タロット・手相

—先生の占い師への経緯（占いとの出会い）をお聞かせください。

5歳の時、盲腸炎で入院しました。その時に父が買ってきた雑誌に掲載されていた「星座占い」が、占いとの出会いです。成長してからも占いは好きで、大学の講義で西洋占星術を本格的に学んだことを契機に、姓名判断やタロットカード、手相、九星気学……と勉強をし、四柱推命にたどり着きました。今も勉強を続けているので、占いオタクですよね。ですので、占い師になるのは自然な流れでした。

—先生の得意な占術はなんですか？

四柱推命、もう少し詳しくいうと「十干推命・調候用神法」です。今は昔と違い、社会の価値観が多様化しています。また、世界的な流行り病やインターネットの発達などにより、人々の精神的な疲れも昔と比べものになりません。だからこそ一人一人の運命の流れをきちんと把握でき、自分の使命や課題がわかる四柱推命がみなさんの悩み解決の助けになると思っています。

—鑑定で特に心がけていること・気をつけていることはなんですか？

まずは占いの結果をきちんと分析し、お伝えします。その上で今のその方の状況に合わせ、今できること、最善の結果に導くことができる方法を細かくお伝えしていきます。どれだけ運気が悪くても、できることや前に進める方法はあります。それをお話しします。

—鑑定現場のプロとして、初めて鑑定で相談をしようとしている方へのアドバイスをお願いします。

占いは何らかのデータが必要になることが多いです。四柱推命や西洋占星術では、生年月日と生まれた時間が必要になります。生まれた時間は親御さんに聞いてもよいですが意外と勘違いも多いので、母子手帳で調べたいものです。また、事前に「何を聞きたいのか」を整理しておくこともよいですね。

—今まで、鑑定で体験した不思議なこと、感動したことはありますか？

かなり難易度の高い資格試験受験の件でご相談にいらっしゃった男性のお話です。

1回目は会場の人の多さにのまれてしまい不合格、2回目もまた緊張して実力が出せないかも、と受験を迷っていらっしゃいました。占ってみると、その方にとって10年に1度あるかないかの良い年でしたので（今しかない！）という想いを込め、「今年は運気が味方する、他の人はじゃがいもだと思って試験に集中しましょう！」とお伝えしました。数ヶ月後、うっすら涙を浮かべながら「背中を押されて受験した、先生の言葉通り、じゃがいもだと思って答案用紙に向かった」と「合格」を報告してくださいました。その後、会社での信用や評価は上がり、任せられる仕事も変化、顔つきも精悍になり、以前の弱々しさは見当たりません。最近では「独立」の話も持ち上がり順風満帆です。

占いは人生を変えるきっかけになるなぁ、と痛感した出来事でした。

—一言でいって、先生にとって「占い」とはどのようなものですか？

「人生を豊かに生きるためのもの」です。

場所／名古屋市中区大須3-30-86　第一アメ横ビル1階「占いのオズ」　**鑑定の申込方法**／WEBにて予約優先
電話／052-243-1078　**WEB**／https://www.uranaioz.jp

056

愛知県

李 紫龍《り・しりゅう》

千夜物語の創業メンバーのひとり。正式な神主としての資格を持ち、神様の言葉を聴くことの出来る貴重な占い師である。天上界からの現実的なアドバイスは、千夜物語の占い師の仲間内でも一目を置かれている存在。また、風水や家相の造詣も深く、ダウジングも使用し土地の鑑定も行えるオールマイティな占い師です。基本的な占術もしっかりとしているので、霊感だけでなく、従来の占術方法と融合した現実に即した答えを導き出します。

【主な占術】数秘術・ルーン占術・風水・霊感水晶占い・ダウジング

—先生の占い師への経緯（占いとの出会い）をお聞かせください。

子どもの頃から神秘的なものが好きで、占いから宗教に至るまで本を読んでいました。仕事として整体治療師をめざしていましたが、30代になりある理由から整体をあきらめ、占いの道に。スタート時は、整体技法の一部を応用した自動追跡という方法だけで相談にのっていましたが、その後に普通の占い技法も加えて、現在のスタイルになりました。

—先生の得意な占術はなんですか？

占術は、普段は数秘術、ルーンカード、ルーンストーン、水晶霊感がメインの方法です。時には易も使います。私の専門分野の一つに土地の祓い清めもあるので、風水、遁甲もよく使います。数秘術はシンプルで使いやすいためです。ルーン文字は私の霊性に非常に合い、自分の一部のようなものになっています。さらに占い師を始めてから霊感的なものが強くなり、水晶も使うことになりました。

—鑑定で特に心がけていること・気をつけていることはなんですか？

相談者に少しでも幸せになってほしい。これが一番です。そういう意味では、宿命論より開運法が好きです。ただし、努力の先にある自分の可能性をめざす開運法ですが。あとは精神的な幸福と物質的な幸福のバランス。これが取れるほど良いと思っています。そして、最後にタイミングでしょうか。運をつかむタイミング、マイナス要素を断ち切るタイミングは重要です。

—鑑定現場のプロとして、初めて鑑定で相談をしようとしている方へのアドバイスをお願いします。

まずは占いたい内容、質問を明確に占い師に伝えることです。知りたいことに対して、相談者側から何を語ったら正確に占えるか聞くのも良いと思います。質問に対する説明が不十分だと、帰宅してから疑問や不満が湧く原因になります。あと、占い師と相談者の間にも相性があると思います。人間ですからお互いにいつもベストの状態とはかぎりません。こういう配慮も必要かと思います。

—今まで、鑑定で体験した不思議なこと、感動したことはありますか？

以前は出張鑑定が多くありました。基本的にはお客様に呼ばれて出向くのですが、人間以外のモノから呼ばれていくこともあります。ある時、地方の山間部に住む方からの依頼を受けた晩、夢を見ました。深夜の山中で手足のある石の地蔵様に追いかけられる夢です。起きてすぐ呼ばれたと感じました。鑑定の後、山に向かいすぐにお地蔵様を発見し、簡単な、霊的処置とお祭りをさせていただきました。

—一言でいって、先生にとって「占い」とはどのようなものですか？

占いは、私にとっては空気のような、毎日の食事のようなものかもしれません。日々のアドバイザーであり、コーチであり、人生の羅針盤という感じです。生きていくための知識、智恵、技術ですね。いくら学んでも終わりはありませんからライフワークとも言えます。特に興味深いのは、占いの技術や理論の霊的因果関係です。

住所／名古屋市中村区名駅1-2-2　近鉄パッセ10階　**鑑定の申込方法**／占の城 千夜物語の公式予約サイトにて承ります
WEB／http://senya-m.com/

057

愛知県

あつこ

関西出身。鑑定歴22年。霊能家系に生まれ、生まれつき霊感が強く、導かれるようにこの世界に入る。大手占い会社在籍中は、予約開始15秒ですべて満了など、予約の取れない鑑定師として名を轟かせ、他社からも多数オファーを受ける。現在は、電話や対面での個人鑑定の傍ら、出張鑑定やイベントなどにも出演。定期的に開催されるイベントでは予約1年待ち。また、鑑定師育成にも力を注いでおり、それぞれのクラスで月1回講義を開催。

【主な占術】霊感・霊視・霊聴・透視・霊感タロット／ルノルマン／オラクルカード

——先生の占い師への経緯（占いとの出会い）をお聞かせください。

霊能家系に生まれ、生まれつき霊感が強く自然界や宇宙からのにエネルギーを感じる力がありました。物心つく頃には、一般の人々には見えないような存在の姿を目にしたり、声が聞こえたりしていました。年齢を追うごとにその力が開花し、引き出されたように感じます。そのような流れの中、自然と導かれるように占いの世界に入りました。

——先生の得意な占術はなんですか？

私の鑑定は、霊感、霊視、霊聴、透視を基に進めます。

さらに精度を高め、お客様へ多くの情報を提供するため、数種類のカードを使用します。

カードは私が霊感霊視、霊聴、透視で視えたものをさらに詳しく、わかりやすく伝えるためのきっかけであり、大切なパートナーです。

——鑑定で特に心がけていること・気をつけていることはなんですか？

鑑定によって得られる情報をお客様にご理解頂けるようにできるだけわかりやすくお伝えすることを心がけています。仮にネガティブな結果が出た場合でも結果のみをお伝えするのではなく望まれる結果にできる限りお導けるように心がけています。スピードも重視しており、鑑定中の質と生産性を高めることに努めています。

——鑑定現場のプロとして、初めて鑑定で相談をしようとしている方へのアドバイスをお願いします。

質問内容がはっきりと決まっていると迷うことなく回答を得ることができると思いますが、迷っていてもお客様に寄り添い、なりたい自分に近づけるようにアドバイスいたします。

リラックスする事が大事です。占いはあくまで参考であり、絶対ではありません。

決めるのはお客様自身ですから、鑑定を受けて夢や希望、目標や願いを叶えるひとつの参考として役立てて頂けると幸いです。

——今まで、鑑定で体験した不思議なこと、感動したことはありますか？

多くの先生がいらっしゃる中で、私を選んで頂いたこと、ご縁があってお客様のひとりひとりと出会うことができたこと、鑑定させて頂けたこと、すべてのことに感謝しかありません。

「先生のアドバイスのおかげで子供の頃からの夢が叶った、恋愛成就できた、目標達成ができた」などのご報告をお聞きできたときが一番嬉しいですね。

——一言でいって、先生にとって「占い」とはどのようなものですか？

天気予報のようなものです。日常では天候や気温、湿度や紫外線、花粉まで様々な予報を調べて翌日の予定を立てるかたが多いと思います。

占いも最も可能性の高い未来が視えるので、例えネガティブな結果だったとしても、雨の降りそうな日に傘を持つのと同じように「①緩和する方法、②回避する方法、③好転する方法」をお伝えする役割です。そして、お客様を叶えたい夢や願い、目標へお導きできるようなナビゲーターを目指しております。

場所／電話鑑定、あつこ.com鑑定会（対面）、出張鑑定（イベント含む）　**鑑定の申込方法**／公式ラインより申込
電話／申込後ご案内　**LINE ID**／@878uadpw　**WEB**／kikochin1031.wixsite.com/website-1

058

愛知県

青乃まこ

あおの・まこ

心が読める占い師として、お不動様からのメッセージをお伝えしております。
物心ついた頃から、見えないものに興味があり、数々の不思議な体験を経て、数秘術、四柱推命に出会い、修行をかさね占い師として活動しています。恋愛、夫婦間パートナーシップ、復縁、離婚など誰にも相談できないお悩みをご相談ください。様々な過去、経験を乗り越えてきたからこそ出来る鑑定を是非ご体感ください。

【主な占術】四柱推命・不動六親占術・数秘術

―先生の占い師への経緯（占いとの出会い）をお聞かせください。

物心ついた頃、家に来てくださる祈祷の先生の姿を見て、「この世には、説明できないことがある」「見えない世界がある」と感じながら、数字と論理、理屈が大好きな私は、占い師とは無縁なところで生きておりました。結婚後、様々なパートナーシップに悩み、その答えをたくさんの学問や宗教、占いに求めましたが、答えは出ず、40代後半にある占い師に相談をしたところ、そこに私の悩みの答えがありました。占いは見てもらうのではなく、自分で読み解き、解釈して、人生に活用することができるツールであること、またそれが私の使命であることを知り、様々な修行を経て、占い師としての活動をはじめました。今でも日々出会いや不思議で溢れており、導かれてここに来たことを実感し、ますます修行に励んでおります。

―先生の得意な占術はなんですか？

四柱推命や不動六親占術、数秘術です。数秘を40代前半で勉強してから、生年月日の神秘に触れ「見えない力」と「自分の中にある力」をどのように活用していくかで、他人との関わりや自分を知ることができることも知りました。そこから、統計学である四柱推命を、さらに五行易を学び、オリジナルな不動六親占術を生み出し始めました。

―鑑定で特に心がけていること・気をつけていることはなんですか？

占いは、どうしたら良いかわからなくなった時、自分の意思決定に活用するものですから、鑑定結果・お客様の現在地、そして、お客様の到着地、これらを冷静に踏まえてのアドバイスが大切だと思っております。この三者にかなりの乖離がある場合は、お客様が無事に到着地にたどり着けるよう、私たち占い師が寄り添い、その方にとってわかりやすい言葉で、一歩踏み出すことができるようなアドバイスをお伝えすることを心がけています。

―鑑定現場のプロとして、初めて鑑定で相談をしようとしている方へのアドバイスをお願いします。

占い師を選ぶ時は、友人からのご紹介や自分で根気よく探していただきたいです。なぜなら、占いは占い師のフィルターを通して出てきた言葉を、お客様がどのように解釈するかで鑑定結果が変化します。つまり、2人の占い師が同じことをお伝えしていても、受け取るお客様は全く違う解釈をしてしまうことがあるのです。色々な方に見ていただいた上での判断もありだと思います。そして、相談するときは、緊張せず、恥ずかしがらずに、相談内容をお伝えしていただきたいです。なぜなら、中途半端な情報ではお客様に寄り添った鑑定ができないことがあるからです。ただし、「○○をしないと幸せにならない」などの決めつけや、高額なものの購入が当たり前な時は、気をつけていただきたい。決めつけや高額な購入では、幸せになりません。もうすでに持っている自分の中にあるもの全てを活用して、幸せになるように私たちはできているからです。

場所／名古屋市中区栄　**鑑定の申込方法**／公式LINEより
LINE／https://lin.ee/NmDhhOm

―先生の占い師への経緯（占いとの出会い）をお聞かせください。

小さい頃から霊感の強い体質で不思議な体験をすることが多く、中学生時代に占い雑誌マイバースデイに出会ったことにより、星占いや、タロットカードなどの占術に興味を持ち始めました。20代で手相を学び、30代後半で再びタロットカード、ダウジング、オラクルカードなどの卜術、のちに数秘術などの相術を学びました。その後、電話占い会社へ登録して、プロとしての活動をスタートさせました。

―先生の得意な占術はなんですか？

霊感霊視をベースにタロットカードなど合わせて降りてくる言葉をお伝えしています。

インスピレーション（霊感霊視）で伝わってくるものをタロットカードの言葉で補足し、ストーリーを作り上げることで状況やお相手側の感情の動きなどを把握できます。易はお仕事関連の運気がわかりやすくダウジングは直接的なイエスノーが明確に出るので利用しております。

059

静岡県

神谷弥胡

かみや・みこ

母方の実家が古くから続いている神社で、「歩き巫女」との伝承もある家系に生まれる。鋭い霊感と相手の気持ちや口癖などにシンクロする優れた能力を併せ持つ。それに加えてタロット、オラクル、易、ダウジング、数秘術など多岐にわたる占術を使い分ける的中率の高い鑑定と明るく親しみのある人柄が特徴。アドラー心理学をベースとしたコーチングのディプロマを取得。相談者を明るく前向きな方向へ導く鑑定が人気。

【主な占術】霊感・霊視・タロットカード・オラクルカード・ダウジング・易・数秘術・宿曜占星術・九星気学

―鑑定で特に心がけていること・気をつけていることはなんですか？

お客様の心がまず明るくなるような鑑定を目指しています。

お悩みの多くはお相手のお気持ちを知りたいという方が多く、お相手への気持ちをイメージしながらお客様にお伝えします。

主観ではなく、お客様にとってどのようなご関係になりたいかを伺いし、心に寄り添いながら鑑定させて頂いております。

―鑑定現場のプロとして、初めて鑑定で相談をしようとしている方へのアドバイスをお願いします。

まずはリラックスして頂くためにお声がけ致しております。

リラックスして鑑定を受けて頂けると、お相手様はもとよりお相手の気持ちとのシンクロが起こりやすくなり、より深く状況を読み解くことができます。

気心の知れたお友達との会話を楽しむようにお心を開き気軽にお話ください。

―今まで、鑑定で体験した不思議なこと、感動したことはありますか？

鑑定中にお相手がよく使っていた言葉を使ったり、閃いた言葉をお伝えしたら、何も話してないのに、なぜわかるのですか？という言葉をよく頂きます。身体が寒気を感じるような状況が起きるお客様とはとてもシンクロしていて、お相手も霊感が強いと仰る方が多かったです。そのような時は、お相手との関係性のお話も深い鑑定となるようです。

―一言でいって、先生にとって「占い」とはどのようなものですか？

ライフワークだと思います。

今まで歩いて来た苦労の多い人生も、悩んでいる方達の力になるためのもので無駄ではなかたったと思っています。

私にとって「占い」とは、頼って下さるお客様の足元を照らし、勇気を持って一歩を踏み出すために背中を押す役を担わせて頂けるものだと思っています。

とてもやりがいはありますが、大きな責任を伴うものでもあります。

場所／電話占い師名鑑プラス　**鑑定の申込方法**／申込方法/WEBサイトよりお願い致します
WEB／https://deasors.com/fortuneteller/d504018/

060

新潟県

田村祐碩

たむら・やすお

山口県長門市生れ。幼少の頃より数々の神秘体験、霊的体験をする。東京都杉並区で学習塾を経営していたものの、「子供の教育よりも大人の教育」の必要性を痛感し、運命学、宗教、心理学、哲学、カウンセリング等を学び、研究する。日本推命学研究会理事、試験官などを歴任し、今まで数多くの占い師・霊能者を育成、輩出。著書『四柱推命学干支早見表』（安田靖氏と共著）『新・萬年暦』等

【主な占術】四柱推命・易断・心霊指導

—先生の占い師への経緯（占いとの出会い）をお聞かせください。

以前学習塾を経営していたとき、気付かされたことがあります。子供の健全な成育には、温かい家庭環境が必要であるということ、問題児の背後には問題〝親〟がいるということを。そこで、親を指導しなければならないという結論に達し、占い師として「大人の教育」に専念しようと決心しました。

—先生の得意な占術はなんですか？

四柱推命です。占い師として駆け出しの頃は、比較的簡単な姓名判断や九星気学を中心にやっておりましたが、ある時、限界を感じる出来事がありました。それはある御家族を占った時のことです。子供たち3人が全員同じ画数を持っており、姓名での判断では困難になり、咄嗟に霊感を使って占ったところ、「とても当たっている」と驚かれました。私としては、その時が姓名判断との決別の時でした。

その後、有名な四柱推命の先生と出会い、四柱推命の奥義を学ばせていただきました。四柱推命は運命学の帝王とも呼ばれ、的中率は最も高いものとされています。それは、統計に基づく運命学であるからです。

—鑑定で特に心がけていること・気をつけていることはなんですか？

占い師は相談者に対して、時に「人生の師」として接しなければならないことがあります。絶対に傲慢になってはならないということです。

常に謙虚な姿勢で向き合うこと、相談者が真に幸せになっていける道を示してあげられるように最善の努力をすることです。

—鑑定現場のプロとして、初めて鑑定で相談をしようとしている方へのアドバイスをお願いします。

占い師と相談者との相性もあると思いますが、特定の占い師を崇めたり神格化しないことです。占いは「当たる」のが当然ですが、占い師自身が人にアドバイスできるだけの生活をしているのかという事が、重要なポイントです。

また、決して占い依存症になってはならないということです。占いを活用するのは良いのですが、振り回されないようにしてほしいと思います。

—一言でいって、先生にとって「占い」とはどのようなものですか？

「運命を怖がれば運命に喰われてしまう。しかし運命に立ち向かって行けば自ずと道は拓けてくる」これが私のモットーです。占いとは、悪い運命に立ち向かう方法をアドバイスしてあげるものであり、人生の羅針盤となるものだと信じています。

場所／新潟市中央区　**鑑定の申込方法**／メールまたは電話（完全予約制）
電話／025-311-1922または080-5502-2951　**メール**／fortunecreator21@gmail.com　**LINE**／https://lin.ee/XSE8mXJ

——先生の占い師への経緯（占いとの出会い）をお聞かせください。

子供の頃から人の考え方などを感じる能力や予知能力がありました。年を重ねるにつれて、友人をはじめ職場の上司や同僚などからの信頼を集め、心の相談を受けるようになりました。その人の過去、現在、未来を視せてもらい、舞い降りてきた映像や情景からその具体的な解決策をお話して良い解決策へと導いていく。その問題が解決した時の皆さんの笑顔は、私にも喜びを与えてくれました。長年多くの相談を受けているうちに、この能力を人生で悩んでいるより多くの人のために使いたいと思うようになり、占い師として本格的に活動を始めました。

061

新潟県

パロス

生まれ故郷新潟で鑑定師として活動を開始。新潟のテレビ番組の生放送での鑑定出演や、新潟のラジオ番組にて星座占いのメッセージを配信。生まれた時の記憶も鮮明に覚えているなど、生まれながらに常人には持ちえない記憶力を持つ。30代の頃より、天から言葉が降ってくるようになり、予知夢をはじめとする様々な不思議な体験をする。今もなお霊性は上がり続けており、現在は主に未来予知、霊視の能力を使って鑑定している。

【主な占術】タロット・四柱推命・手相・風水・周易・紫微斗推命・方位学・スピリチュアルカウンセリング

——先生の得意な占術はなんですか？

霊視、タロットの占術に定評があります。霊視に関しては、現在第7チャクラまで覚醒しています。鑑定対象者の名前から高次元からメッセージを受け取り、人間の意識で理解できるように翻訳をして伝えます。その人の生活や生き方、これから問題となる出来事をアドバイスしております。タロットではスピリチュアルパワーを使って、仕事や職場、友人関係、学校、親子、恋愛などの人間関係に関する悩みなどの解決策を導いていきます。

——鑑定で特に心がけていること・気をつけていることはなんですか？

その方にとって本当に必要で、かつ自分では気づくことのできない根底部分を的確に伝え、理解してもらうことです。その方が抱えている負担を軽減させること、不安定になりやすい方の心を支え、良い気を与えることによって勇気を持ってもらうことが私の役割だと思っております。鑑定ではその人が冷静な心でお伝えしたことを理解できるように、さらにその人の本来持っている本質をより輝かせることが出来るように、気持ちに寄り添う事を大切にして日々鑑定しております。

——鑑定現場のプロとして、初めて鑑定で相談をしようとしている方へのアドバイスをお願いします。

気になる事はこんな事と思って一人で悩まず、お話しください。我慢ばかりしているのは禁物です。自分自身を理解して歩んでいけば、嫌なこと、つらい日々から遠ざかることができるでしょう。占いはあなたを傷つけるものではなく、あなたを支援し、あなたのこれからの未来を輝かせるものなのです。来て良かったと思い、気持ちも楽になり、前向きな明日を迎えられる、これが鑑定を受ける意味なのです。

——一言でいって、先生にとって「占い」とはどのようなものですか？

占いとは当たる、当たらないではありません。占いはその人にとっての最良の道しるべを伝えるものです。一人ひとりが持つ大切な人生がより良くなるように導くための一つの方法だと私は思っております。

場所／新潟市中央区西堀通２番町779　**鑑定の申込方法**／電話・ウェブサイト・LINE・メール
電話／025-201-7384　**メール**／info@pharos-niigata.com

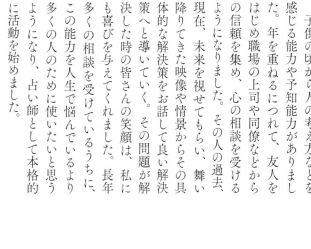

062

新潟県

愛海
あみ

鑑定歴25年。物事や悩みの根底を見抜くことに長ける。悩み相談の根底から矯正する独自の鑑定手法で、望む方向へと導き年齢層も幅広く、多くのクライアントを抱えている。地に足のついたスピリチュアルを信念にし、「うれしい鑑定結果」よりも「納得ができる鑑定結果」を提供し続けている。ブレない気持ちと鑑定を日々心がけ活動中。

【主な占術】タロット（ライダー版／トート／タロット）・数秘術・西洋占星術・霊視

Coral . Color
salon

—先生の占い師への経緯（占いとの出会い）をお聞かせください。

小学校の夏休みに、友達の家にタロットカードがあると聞き、みんなで見に行ったことが出会いです。初めは死神と悪魔のカードを見て泣きました。呪われるとみんなで大騒ぎして。わたし呪われてしまった！と思い込んで、呪われないためにもカード買わなきゃと、すぐ買いに走ったのを覚えています。本当は友達にからかわれただけなのですが、今ではどっぷりはまってしまいました。そして今では死神が一番好きなカードです。

—先生の得意な占術はなんですか？

タロットカードです。呪いの？洗礼を受けたおかげなのか、小学生の時から触れていましたし、自然と映像が見え、リーディングもストーリーとして分かりやすいからです。霊視でも鑑定しますが、体調によって左右されやすいため、今はタロットカードがよき相棒です。特にトート・タロットカードは刺激も強く象意も多いので、多く使用しています。

—鑑定で特に心がけていること・気をつけていることはなんですか？

とにかくフラットに物事をみることに細心の注意を払います。見えていることが全てではないですし、ご相談者さまに寄り添いつつ、第三者しか見えない部分を伝え可能性がある部分を引き出すことです。偏ったものの見方をしない。そして「嬉しい」と言われるのではなく、「納得した」と言われるような鑑定を心がけています。当たる鑑定というよりも、少しでも悩みを改善できる鑑定を目指しています。

—鑑定現場のプロとして、初めて鑑定で相談をしようとしている方へのアドバイスをお願いします。

まずは情報です。生年月日や現況など、最低限度の情報は伝えましょう。悩みがまとまらないという方は、事前に知りたいことを紙に書きだして鑑定の時に持参すれば、忘れることもないですし、後で後悔もないと思います。そして何よりも、リラックスすることだと思います。緊張しないで、その時だけは占い師さんに心を開き、委ねる気持ちでいると良いと思います。

—今まで、鑑定で体験した不思議なこと、感動したことはありますか？

同じ日に同じ名前の方が鑑定に来られたり、相手の生年月日が似ていたりということが多々あります。占う側と、占われる側がリンクする不思議だなと思いつつ、面白いなとも思います。感動したことは、やはりお客様の嬉しい報告でしょうか。結婚が決まった、子どもを授かったなど、時間を経て成長や変化していく過程を見られることが何よりも感動的です。

—一言でいって、先生にとって「占い」とはどのようなものですか？

これはとても難しいですね。日々考えていますが、答えは出ません。強いて言うのであれば、身近にあるけれど遠い存在でしょうか。ツールとして占うことはできても、占いという存在はこういうものだとは言い切れない、そのようなものだと思います。だからこそ人はその神秘性に惹かれ、占うのでは？と思います。

場所／・東京都・新潟県糸魚川市内・石川県金沢市内　**鑑定の申込方法**／HPより申し込み
メール／Info@coral-color.com　**WEB**／https://www.coral-color.com/

063

長野県

深澤啓子

ふかさわ・けいこ

2010年よりタロットとヒーリングサロン「癒しの部屋Duet」を開業。足裏から未来を占いながら、女性性を輝かせ、愛や喜び、豊かさを叶えるリフレクソロジー・タロット占い・ヒーリング・チャネリングなどを提供。人気メニューは心と身体を癒すタロット・リーディングとスピリチュアル・リフレクソロジー（足裏占い付きフットマッサージ）のセッション。心に寄り添い、優しい笑顔で包み込み癒していく、そんな温かい鑑定が評判です。

【主な占術】タロット・スピリチュアル・リフレクソロジー（足裏占い付きフットマッサージ）

―先生の占い師への経緯（占いとの出会い）をお聞かせください。

英国式リフレクソロジー（フットマッサージ）を勉強していた時、お客様の足に触れて、現在の状況や未来の可能性を感じられることに気づきました。感じたことを素直にお客様にお伝えすると、「何も話してないのにどうしてわかるの？」「伝えられた通りのことが起こりました」など、「当たる」と言われることが驚くほど多かったのです。お伝えするメッセージの内容をもっと明確に具体的にしたいと思い、タロットの勉強をはじめ、その後スピリチュアル・リフレクソロジーとタロットをメインメニューとするサロンを開業し、本格的に活動をはじめました。

―先生の得意な占術はなんですか？

スピリチュアル・リフレクソロジーとタロットです。これは私のオリジナルセッションです。心地よいフットマッサージをさせていただきながら、お客様の足から伝わってくる感覚から、カウンセリングをさせていただいたり、未来の可能性をお伝えしています。タロット・リーディングは「受けた後、心も体もスッキリする」「希望を持つことができました」と言っていただけることが多く、心も体も癒される素晴らしいセッションだと自負しています。

―鑑定現場のプロとして、初めて鑑定で相談をしようとしている方へのアドバイスをお願いします。

初めて鑑定を受けるのは勇気が必要な場合もあり、緊張すると思います。その様な時は、占いはあなたの人生の味方だということを思い出してください。まずは鑑定を受ける前に、頭と心を整理されると良いと思います。何に悩んでいるのか、何を相談したいのか、どうなりたいのか。緊張してしまって、後から「あれも聞けばよかった」ということがないよう、話したい事や聞きたいことはメモしておくと良いと思います。人生は選択の積み重ねであり、選択肢は無数にあります。いつでも選び直すこと、変えることができます。自分の人生の主人公として自分の心の声を大切にしながら、占いを人生の中に活かしていただきたいと願っています。

―一言でいって、先生にとって「占い」とはどのようなものですか？

占いとは、「杖」であり、「カーナビ」のようなものだと思います。お客様にとっては心の杖を持つことであり、占い師にとってはお客様に杖をお授けすること。その杖は心の痛みや涙を救い、未来に希望を与えてくれます。未来を開いていく勇気と、時には辛抱強さを与えてくれます。そして願いが叶えられた喜びを与えてくれます。カーナビですが、車を運転していても時々うっかりナビが示すのとは違う道に進んでしまうことがありますよね。そうするとカーナビは一生懸命ルート検索して新しい道順を示してくれます。占いも同じようなものだと思うのです。人生のハンドルを握っているお客様が道を間違えたと感じたり道に迷ったりした時には、いつでも新しい道を示させていただきます。

場所／松本市元町1－9－15　元町プラザ101「癒しの部屋Duet」（オンライン可）　**鑑定の申込方法**／メールまたは電話
電話／090-7422－0626　**メール**／healing.room.duet@gmail.com　**WEB**／https://www.healing-room-duet.com/

064

石川県

高橋淳子
たかはし・じゅんこ

生まれつきの霊視能力を生かし宇宙の大元と繋がり、クライアントさんの魂からのメッセージを聴きながら宇宙が準備してくださる事を明確にしていきます。宇宙のエナジーとクライアントさんの魂エナジーを融合させて未来を創生していくオリジナルの鑑定をさせて頂いております。地球には地球での流儀があるように大宇宙の流儀もありマクロの世界観を活用する事で自分らしい道を開花させていく事が得意です。

【主な占術】霊視鑑定・インナーチャイルドカードセラピー・パワーチャージ・ヒーリング マヤ暦での人生羅針盤レポート作成・未来創生鑑定

—先生の占い師への経緯（占いとの出会い）をお聞かせください。

生まれ付き宇宙界、天界、神界と繋がる力を持っていました。

18歳の時にその力を活かせるようなり、母が天国に帰った事がきっかけでした。

タロットカードを使うようになり霊視の力はさらに強くなりました。

その後、ある占い師の方と出会って「霊的な事をやっていくのがミッションだ」と言われ鑑定師となりました。

—先生の得意な占術はなんですか?

宇宙の大元と繋がって未来を創生していくオリジナル鑑定が得意です。

本来のエネルギーで生きて行くと幸せを感じる事が出来ると確信があるので、現在地を導き出して、現在地を導き出し、どの道を経験していくかを決めることで望む未来を創生していけるかを判断していきます。

—鑑定で特に心がけていること・気をつけていることはなんですか?

風の時代に入って全ての人が想念で未来を創り出せるようになって来ています。

この事を前提に目の前で何が起きてるのかを点や線ではなく球体で視て、幸せ街道までの道案内をさせて頂くつもりで鑑定しています。

ヒーリングと波動修正をしながら感情もデトックスをするために傾聴を心掛けております。

—鑑定現場のプロとして、初めて鑑定で相談をしようとしている方へのアドバイスをお願いします。

今の状況、現れている現象に拘り過ぎるとその想念に合わせた道が用意されしまいます。

ご自身がどんなゴールだと幸せなのかを明確に決める意識で鑑定を受けてみてくださいませ。

たとえ今が厳しくとも幸せな未来を創生していけます。

—今まで、鑑定で体験した不思議なこと、感動したことはありますか?

一番驚いたのは、ツインレイの過酷な試練で大変な思いをされてたご相談者の方がご自身を信頼し、お相手と硬い約束をして来た事を受け取って「やり切る」と決断された瞬間に音信不通だった彼から明るく良いコンディションで連絡が来て、最終的に結婚された事ですね。

その後の展開の早さに感動致しました。

—一言でいって、先生にとって「占い」とはどのようなものですか?

鑑定師はご相談者の方の幸せ街道への道案内と未来を創生していくお手伝いの役柄であり、占いは今を確認し未来を創生するハッピーアイテムだと思っております。

ご相談者ご自身の想念で未来はいくらでも変容させる事が可能です。

それに伴い占いも変わり、ゴールまでを少しでも早くして差し上げるのが役割です。

場所／電話占いニーケ　**鑑定の申込方法**／WEBサイトよりお願い致します
WEB／https://niikee.jp/fortuneteller/n505022/

065

石川県

天宮祐美

あまみや・ゆみ

銀行員、ピアノ講師、エアロビクスインストラクターの経験を経て、約20年前に占い師としてデビュー。サロンでの個人鑑定、イベント出演をはじめ、石川県を中心に幅広く活動しており、これまでの鑑定者数は2万人以上に及ぶ。北陸の情報誌にて、[毎月のFortune]の掲載も担当していた。現在は個人セッションと占術スクールも開講するなど、後進の育成にも力を入れている。

【主な占術】四柱推命・姓名判断・九星気学・風水・易タロット・インナーチャイルドヒーリング・レイキヒーリング

——先生の占い師への経緯（占いとの出会い）をお聞かせください。

小さい頃からタロットや西洋占星術が好きで独学で学んでいましたが、愛娘が1歳の時に発病、闘病生活の末5歳で他界してからは運命というものをより一層考えるようになりました。そんな時、大きな車の事故に合い、光に包まれて命が助かるという奇跡を体験したことを機に、人助けの使命を感じました。そして少しでも、悩める方の心を癒したり、寄り添って答えを探したり、アドバイスができるようになりたいと思い、スピリチュアル、セラピー、ヒーリング、東洋占術を学び始めました。

——先生の得意な占術はなんですか？

四柱推命です。四柱推命は、生まれ持った個性や才能、性格、健康面、恋愛結婚など、様々なことが八つの漢字で表され、人生の大きな流れの運気、感情の変化を読み解くことができます。運の良し悪しの時期がはっきりと出るので、いつ頃何をしたら良いかが明確に分かり、恋愛結婚では相性や結婚のご縁や時期などを的確にアドバイスでき、ご相談者様のお役に立てるからです。

——鑑定で特に心がけていること・気をつけていることはなんですか？

鑑定の際に特に気を付けていることは、ご相談者様を先々不安にさせるような言い回しはしないということでしょうか。何か気になることがあれば改善策と共にお伝えし、都度スッキリしていただきたいと考えております。占いで未来を知りたい方は沢山いらっしゃいますが、私自身、若い頃にある占い師さんに言われたことがずっと心に引っかかって、何かある度に頭をよぎり、いまだに忘れられません。たとえそれが現実になったとしても、ずっと不安を抱えて生きることの方が残酷だと思うので、皆さんにはそのような思いをさせないためにも、言葉を選んでアドバイスをお伝えしています。

——鑑定現場のプロとして、初めて鑑定で相談をしようとしている方へのアドバイスをお願いします。

初めて占いでのご相談を受けに来られる方にお願いしたいことは、なるべく現状を詳しく教えてくださった方が嬉しいということです。なぜならそのほうがより的確なアドバイスができるからです。お聞きになりたいことを明確にお話しして下されば、過去の時期的なことや未来も当たりやすくなります。

——一言でいって、先生にとって「占い」とはどのようなものですか？

私にとって「占い」とは、パラレルワールドのようにいくつか選択肢のある人生の中のどれを選んで生きるかの指針となるものだと思っています。指針を示した上で決めて進むのはご本人の意思だと思います。Aの道を行けばお花畑が広がっているし、Bの道を進めば大きな川を泳いで渡らないといけない、というようにお伝えはしますが、それでもBの道を進みたいと決めたなら、向こう岸まで無事に渡れるようなアドバイスをします。あくまでもお客様の意思を尊重して道を示し、アドバイスと改善策をお伝えしています。

場所／白山市宮永市町334−1　**鑑定の申込方法**／メール・電話
電話／076-275-6158　**メール**／ailove320@gmail.com　**WEB**／http://amamiyayumi.com

066

福井県

小柳 猛
こやなぎ・たけし

大学卒業後、外資系企業に勤務し、全国営業成績トップの実績を獲得した経験を持つ。2006年に、運命学、氣、施術を融合させたホリスティック治療家として、なごみの森ピュアローマをオープン。これまでに国内外、延べ7万人のお客様にお越し頂いている。現在、心理カウンセラー、ポジティブ心理学講師としても活動中。また、一般向け・プロ向け運命鑑定ソフトも開発販売している。近年、開運小顔施術学院を設立し、黒門氏開発の業界初メソッド、開運小顔施術師の育成に尽力しており、更にインフィニー開運学院webスクールも開校している。

【主な占術】天翔占断・氣学・四柱推命・算命学・易・風水等

―先生の占い師への経緯（占いとの出会い）をお聞かせください。

10代の頃、透視能力や超能力などの神秘の力に強い興味を抱き、神道、密教、陰陽道などの研究を始めました。20代になって、著名な手相鑑定家、氣学の大家との出会いにより、未来予知ができること、そして運命は変えられることに気づかされ感銘を受けました。それが、運命鑑定家への道を歩むきっかけとなったのです。

―先生の得意な占術はなんですか？

氣学と天翔占断を得意としています。運命学の最初の出会いが、運命改善ができるとされる氣学でした。吉方旅行や引っ越しにより、本当に運命が好転するのかを全方位の国内外の旅行をして実証実験をし、確信を得ました。天翔占断は東洋と西洋の運命学を融合させたもので、未来を見通すことに長けており、素晴らしい成果を上げております。

―鑑定で特に心がけていること・気をつけていることはなんですか？

鑑定によって自分の生まれた目的（宿命）を知り、自分の価値に気づき、人生を楽しんでほしい。それが私の願いです。そのために空亡解除や方災解除の秘技等を使い、人類共通のより高いレベルの魂の進化・成長に繋がるようにアドバイスさせていただいています。ただ、占いは諸刃の剣です。本当のことであっても、本人の状態や覚悟の度合いを観ながら伝える工夫をしています。開運によって人を輝かせ、笑顔にする。そして、意識（魂）の進化に貢献することをポリシーとしています。

―鑑定現場のプロとして、初めて鑑定で相談をしようとしている方へのアドバイスをお願いします。

聞きたいことのポイントがずれないように事前にメモしてくる人が多く、それをお勧めします。そして、自分の望む未来を明確にしてもらうことも大切です。現状の整理と心の整理ができます。また、ご本人と関わりのある人物の生年月日をわかる範囲で調べておくと、速やかに鑑定が受けられます。

―今まで、鑑定で体験した不思議なこと、感動したことはありますか？

入院中、いろいろな処置をしても治らず、病状が悪化して危篤状態の方がいらっしゃいました。身内の方が相談に来られたので、氣学による吉方位の土を日時指定して、採取してきてもらい、袋に入れて本人の枕の下に敷いてもらいました。その結果、その日のうちに生きる力が蘇り、薬の効果がみられ、続いていた40度の熱は下がり、普通に夕食を食べていたというエピソードがあります。医療とみえない力の融合を目の当たりにして、お客様と喜びを分かち合いました。

―一言でいって、先生にとって「占い」とはどのようなものですか？

占いは我々の人生の柱となり、羅針盤となる学問であると確信しています。自分の未来（運命）を把握して、戦略的に行動して自分を磨く事ができます。また、誰かを救うこともでき、笑顔にすることもできます。占いは、最高、最良、最善の人生を歩む事を可能とする人類の叡智であり、生きた哲学です。

場所／福井市新保3丁目2312　**鑑定の申込方法**／電話　**電話**／0776-54-3150
WEB／**【開運小顔施術学院】**https://kaiun-kogao-ac.com/　**【インフィニー開運学院】**https://kaiungakuin.official.ec

067

富山県

東本裕美

ひがしもと・ゆみ

富山市にある占いサロン、「Luna Tres Clova」の代表。幼い頃より人の未来、生死まで分かる程の強い霊感をもち、霊秘術占い（完全オリジナル占術）、霊感タロット占い、守護神チャネリングを得意占術としている。鑑定人数は1年間に3000人を越え、対面鑑定やオンライン鑑定以外にも、YouTubeをはじめ様々なメディア出演など、幅広く活動している。

【主な占術】霊秘術占い（完全オリジナル占術）・霊感タロット占い・守護神チャネリング・インナーチャイルドセラピー PPO技法（ジャパン・メンタル・ヒーリング協会）

—先生の占い師への経緯（占いとの出会い）をお聞かせください。

13歳の夏休み前くらいの時ですね。地元に小さな書店があるんですが、そこには一つだけタロットカードが置いてありました。引き寄せられるように手に取り「自分のものにしなさい」とお告げを頂きました。次の瞬間に「買わなきゃ」と気付いた時には購入していました。説明書や師匠もおらず、タロットカードとの対話を楽しんでいました。対話をしてるとタロットカードから光が溢れ出して、声を届けてくれるんですよね。その声を聴きながら相手を占っていたところ「当たる」というお声をたくさんいただきました。この能力が霊感霊視という名前があると知るのはもっと後になります。多くの方のご相談に乗っているうちに、これこそ私の人生の使命と悟り、占い師の道に進みました。

—先生の得意な占術はなんですか？

完全オリジナル占術の「霊秘術占い」です。私の全ての霊力や能力を集約した真骨頂の占いです。古代エジプトが起源とされる霊感タロット占いを基に、守護神チャネリングや潜在浄化セラピー、心理学など様々な要素を取り入れています。まずは潜在的な気をリーディングし、ヒーリングにより浄化をします。守護神チャネリングにより相談者様の守護霊様のパワーも高めていきます。運気（エネルギー）や波動が上がる事で相談者様の人生全体の複雑に絡み合った要因を紐解き、悩みの本質を見抜く事で、総合的に問題を解決する鑑定になります。恋愛、仕事、家庭問題など、様々な辛い現実を明るい望む未来へ導いていきます。人生の岐路に立たされている方、人生を変えたい方にオススメする占術です。

—鑑定で特に心がけていること・気をつけていることはなんですか？

占い師は相談者様の人生を一旦お預かりし、またお返しする責任のある仕事です。人生は山あり谷ありですので、悩みが深くなってしまうとそこから這い上がれなくなってしまいます。どんな事もまずは原因を解明し、そこから確実に解決へと導いていくことが私の占いのポリシーです。気を付けていることは、やはり生霊が憑いている時ですね。除霊と浄霊が必要になりますし、不運を止める大切な仕事です。人生をかけて来られる方が多いので、責任と真心を込めて鑑定させていただいております。

—一言でいって、先生にとって「占い」とはどのようなものですか？

占いは人生を変える「カギ」ですね。悩みが複雑化してしまうと、迷いで動けなくなりますし、状況は悪化してしまいます。それを解決する為に気付きと可能性を引き出し、癒しと道標をお伝えして、人生を変えるカギをお渡しします。自分が望む未来への扉を開くことで、夢にも思わない景色が広がっています。1人1人が自分の人生を楽しく生きてほしい、そんな幸せに導いていくこと。それを二人三脚でサポートするのが、占い師であり占いの在り方だと、私は考えています。これからも自分の占い師としての使命を全うする為、全身全霊で占いと向き合っていきます。

場所／富山市荒川2丁目14-15　カプセルビル2F　**鑑定の申込方法**／お電話またはホームページから
電話／076-471-8102　**メール**／lunatresclova@gmail.com　**WEB**／https://lunatresclova.com/

068

北海道

波木星龍

なみき・せいりゅう

10歳の頃から手相の研究をはじめ、その後、紫微斗数、西洋占星学、人相、タロット、易占、四柱推命、測字占法、墨色判断、風水、奇門遁甲…と幅を広げた。これまで『西洋占星学プロ版』などの占いソフト、「前世からの約束」「波木星龍占い大全」などの占いコンテンツ、『江戸JAPAN極秘手相術』『全身観相術の神秘』『四柱推命の謎と真実』『波木流風水』など多数の著書を執筆。個人レッスンで教える「正統占い教室」も主宰している。

【主な占術】日常的に行っているのは四つの鑑定法・手相・易占・ホロスコープ・タロット。これに四柱推命・人相・心易・墨色・風水・書相・数秘・測字占法・エジプシャンオラクルなどが加わる。

—先生の占い師への経緯（占いとの出会い）をお聞かせください。

私は極貧の家庭で生まれ、雨漏りのする家で幼少期を過ごしました。幼い時からの「自分はなぜこのような家庭に生まれなければならなかったのだろう」という疑問が、「占い」を研究し始めるに至った一番の理由です。また部屋の隅に置かれてあった週刊誌の中に「普通のOLが占い師になっていく取材記事」があって、小学生の時に何となくそれを読み、漠然とではあったのですが「大人になったら自分も占い師になれるかもしれない」と感じたのです。

—先生の得意な占術はなんですか？

もっとも得意なのはホロスコープと手相による判断で、もう40年以上も続けています。易占や四柱推命やタロットも得意です。必要性があれば風水、方位、墨色、測字なども用います。梅花心易や墨色判断だけで判断したり、顔相だけで判断していたこともあります。

—鑑定で特に心がけていること・気をつけていることはなんですか？

基本的になるべく多くのことを伝えてあげたいと思うので、占いに直接関係のない話はあまりしません。また、どのような問題でも最終的には本人が決断すべきで、占い師が決めつけるべきではないと思っています。気象予報士や医師の見立てと同じで、こうなっていくということは伝えますが、それでどうすべきかは本人の意志によるべきだと思っています。

—鑑定現場のプロとして、初めて鑑定で相談をしようとしている方へのアドバイスをお願いします。

一口に占い師といっても、色々なタイプの方がいます。「占い師」と「相談者」との間には相性のようなものがあって、同じ問題や相談事でも占い師が異なれば全く違った回答が返ってきたりします。そのため、なんとなく考え方や性質に共通性のある占い師に相談されることを、私は勧めます。また相談すべきことを決めてから来ないと、何を訊きたかったのか分からなくなって、結局役立たない占いになってしまうので、その点は注意すべきです。

—今まで、鑑定で体験した不思議なこと、感動したことはありますか？

40年も前に占った方が、私の現在の居場所を探し当てて来てくださったときには感動しました。私が日ハムに入団が決まったばかりの大谷翔平投手に、日本でも二刀流で活躍できるし、大リーグでも二刀流で活躍できる、とその年の暮れに新聞紙上で断言しました。それが今年になって実現して、本当によかったと思っています。

—一言でいって、先生にとって「占い」とはどのようなものですか？

永い「人生」という航海上の〝羅針盤〟であり、また迷った時の〝道しるべ〟でもあると思っています。人は誰でも人生上の困難とか苦悩とかにぶつかるものです。なに一つの〝悩み〟や〝問題〟もなく、人生を歩めるものではありません。迷い悩んだときに、もっとも〝未来の方向〟からアドバイスを与えてくれるのが占い師なのです。信頼に足る占い師は、どんな友よりも役に立ちます。

場所／札幌市白石区菊水3条5丁目3番25　グランファーレ東札幌プレイスコート510号室　**鑑定の申込方法**／電話またはメール
電話／011-600-3833　**メール**／namiki@namikiseiryu.com　**WEB**／https://www.namikiseiryu.com/

069

北海道

ショパン啓心

しょぱん・けいしん

お名前と生年月日でスッキリ解決！「立て板に水の如きトークは、ショパンの調べのように美しい」と北海道で一世を風靡する、北の占術家のショパン啓心です。数秘術はもとより、算命学、九星気学、西洋占星術、手相、人相、ホクロから、ルノルマンカード、ペンデュラムに至るまで。〝占術のデパート〟の二つ名よろしく、日本全国のイベントに精力的に赴いており、北のショパンの通り名で知られています。オンライン鑑定にも完全対応。

【主な占術】数秘術・算命学・手相・人相・ルノルマンカード・ペンデュラム

—先生の占い師への経緯（占いとの出会い）をお聞かせください。

たまたまコンビニで見かけた名前の音霊の本をきっかけに、占いの世界への知見を深め、この道で独立起業した次第です。15年と11ヶ月にわたる公務員生活にピリオドを打ち、多種多様な生き方を模索しながらも、多くの人に笑顔をもたらすことのできるこの職にやりがいを感じ、現在は、占い師一本で活動しています。

—先生の得意な占術はなんですか？

メイン占術は数秘術。生年月日由来のカバラ数秘術だけでなく、名前の要素も加味したモダンヌメロロジー、和暦や名前の和音の一音一音の数秘をテーマにした「やまと式かずたま術」を複合的に勘案しています。

—鑑定で特に心がけていること・気をつけていることはなんですか？

テレビの影響もあり「占いって怖い！」とか、「占いって怪しい」というイメージが蔓延しています。そんな世の中に一石を投じるため、霊感やスピリチュアル等の要素を一切排除し、学問であるという視点のもと、シンプルでわかりやすく、勇気をもらえると言ってもらえる鑑定を心がけています。ときに厳しいことを伝える場合もありますが、「どのようにすれば？」という、明るい未来に向けたアドバイスをメインにしています。

—鑑定現場のプロとして、初めて鑑定で相談をしようとしている方へのアドバイスをお願いします。

何を聞きたいのかを明確にすることが一番大事です。たとえば、ざっくりと「来年ってどんな年？」と聞かれても、お伝えできる中身は大雑把なものになってしまいます。あなたが抱える問題の根っこの部分を明らかにした上で占い師のもとに来れるかで、得られる情報が値千金のものになるか否かが決まります。

—今まで、鑑定で体験した不思議なこと、感動したことはありますか？

「あなた自身で運勢を動かせるのが、あと1ヶ月です」と言われたら、あなたならどう感じるでしょうか？「あと1ヶ月しかない」と焦るのか、「まだ1ヶ月ある」と自身を鼓舞するのか。後者の思いを持って、何をどうすれば良いのかをしっかりと聞いていった女性は、1週間で彼氏を作り、1ヶ月後に結婚し、翌年には子宝を授かりました。程度の差こそあれ、こうした考え方一つで結婚を掴み取った方はたくさんいらっしゃいます。結局は、自分自身でどのように〝フラグ〟を立てるのかが、一番大事なことなのだなと感じます。

—一言でいって、先生にとって「占い」とはどのようなものですか？

誰もが当たり前のように知っておくべき、人生のバイブル。占いというのは、特別な才能や霊感が必要なものではなく、誰にでも門戸を広げてくれている、先人達の智慧の体系というのが、僕の占いに対する考え方です。占いの世界を知っているのと知らないのとでは、人生の生きやすさがまるで違ってきます。先入観を持たずに、興味ある占いは積極的に体験してみた上で深掘りしてみていただければと思います。

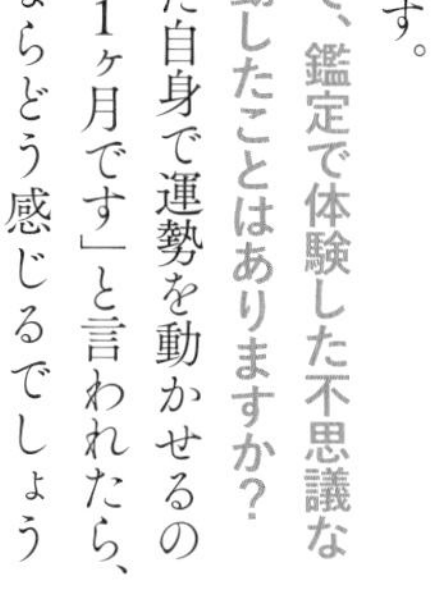

場所／「占術の館六芒星 札幌本店」札幌市中央区南3条西3丁目10-4　三信ビル3階　**鑑定の申込方法**／電話、LINEアカウント
電話／090-2694-6049　**LINE ID**／kethunder　**WEB**／https://instabio.cc/3032920gnnlHZ

070

宮城県

マーガレットまき

幼少の頃より実在しない物と会話することができる不思議な力を持ち、15歳の頃タロットカードとの出会いをきっかけに占いの道へと進む。本格的に対面鑑定をはじめて約30年、鑑定数は3万件を超え、経営者、主婦、独身男女、学生に至るまで多種多様な相談を受けている。タロットカード、西洋占星術、オラクルカード、コーヒーカード、ルノルマンカード、姓名判断、ダウジングなど様々な占術を組み合わせて占う、オリジナル鑑定を得意としている。

【主な占術】タロットカード・西洋占星術・オラクルカード・コーヒーカード・ルノルマンカード・姓名判断・ダウジング

—先生の得意な占術はなんですか?

タロットカード(ライダーウェイトを使用)になります。自分自身の内側に浮かぶ言葉の数々は、カードを通して現れます。それを目で見て、お客様にも見て頂いて、お互いに納得した上で今の状況や未来、アドバイスをお伝えする事ができるからです。

また、宮城と言うこともあり、東日本大震災で傷ついた方を多く鑑定致しました。その頃より、今はいない…でも、その方の心のなかには住んでいる方の声が聞こえるようになりました。タロットを使用しますが、そのような目には見えない存在の方々の声も鑑定ではお伝えしていきます。

—鑑定で特に心がけていること・気をつけていることはなんですか?

お顔は笑顔でいらしても、心がぼろぼろな方が多く訪れる場所。だからこそ、お客様の心に寄り添うことを何よりも心がけております。上から目線で、一方的に決めつけるようなことは言いません。「そうなんだね、うんうん。」と、お客様の立場に立って考え、お互いに納得し合う形になるよう進めていきます。そして、鑑定が終わる頃には笑顔で、お客様ご自身の場所へ戻って行かれることを願っております。今日泣いても、明日は心から笑顔でいられる、そんな鑑定を目指しております。

—鑑定現場のプロとして、初めて鑑定で相談をしようとしている方へのアドバイスをお願いします。

はじめての鑑定は緊張すると思いますが、とにかく嘘だけはつかないでいただきたいです。自分を良く見せようと嘘をついても鑑定を通して分かってしまうので、せっかくの限られた時間がもったいないです。もちろん秘密は厳守しておりますし、誰にバレるわけでもないので、素直に、何をお知りになりたいのかをお伝えいただくと、スムーズに鑑定が進みます。また他には、「料金は何円まで、時間は何分で」と、具体的におっしゃって頂きますと、お客様も安心して鑑定を受けることができると思いますよ。

—今まで、鑑定で体験した不思議なこと、感動したことはありますか?

高校生だった子達が、恋愛を成就し、結婚。ウエディングドレス姿を見せに来て下さったり、旦那様を紹介して下さったり、赤ちゃんを連れて来て下さったときは何にも言い表せないような感動を覚えました。悩みを一緒に考え、乗り越えた後のお客様の幸せな姿、笑顔には私まで幸せを感じます。

不思議なことは毎日のように起きますね。朝目覚める直前、今日鑑定予約を入れて下さるであろう方のお名前や姿が浮かび、それが現実になったり、鑑定中には、ふっと降りてくる言葉の数々が見事に的中したり…この仕事をはじめてからずっと日々不思議なことの連続です。

場所／特に決まっておりません(仙台市内カフェなど) **鑑定の申込方法**／メール、DMなどにて予約
メール／margaret.31481141@gmail.com **Instagram**／maki1margaret **Twitter**／@margaret0360

071

福島県

福島の母《ふくしまのはは》 占い軒龍皐《うらないはるか》

2002年より占い師として独立して約20年。洗練された霊感霊視による鑑定で、全国各地から多くの鑑定依頼を受けている。ラジオやレディースコミックでの写真鑑定連載、地元の大型イベント会場での鑑定経験もあり。2017年から開始したハンドメイド、オーダーメイドアクセサリーの販売は様々な媒体で高評価を受けている。また、同業者にも霊視や術の使い方の指導、講座を開いており、様々な方面で活躍の幅を広げている。

【主な占術】カード・姓名判断・人相・オーラ・霊感・呪術等

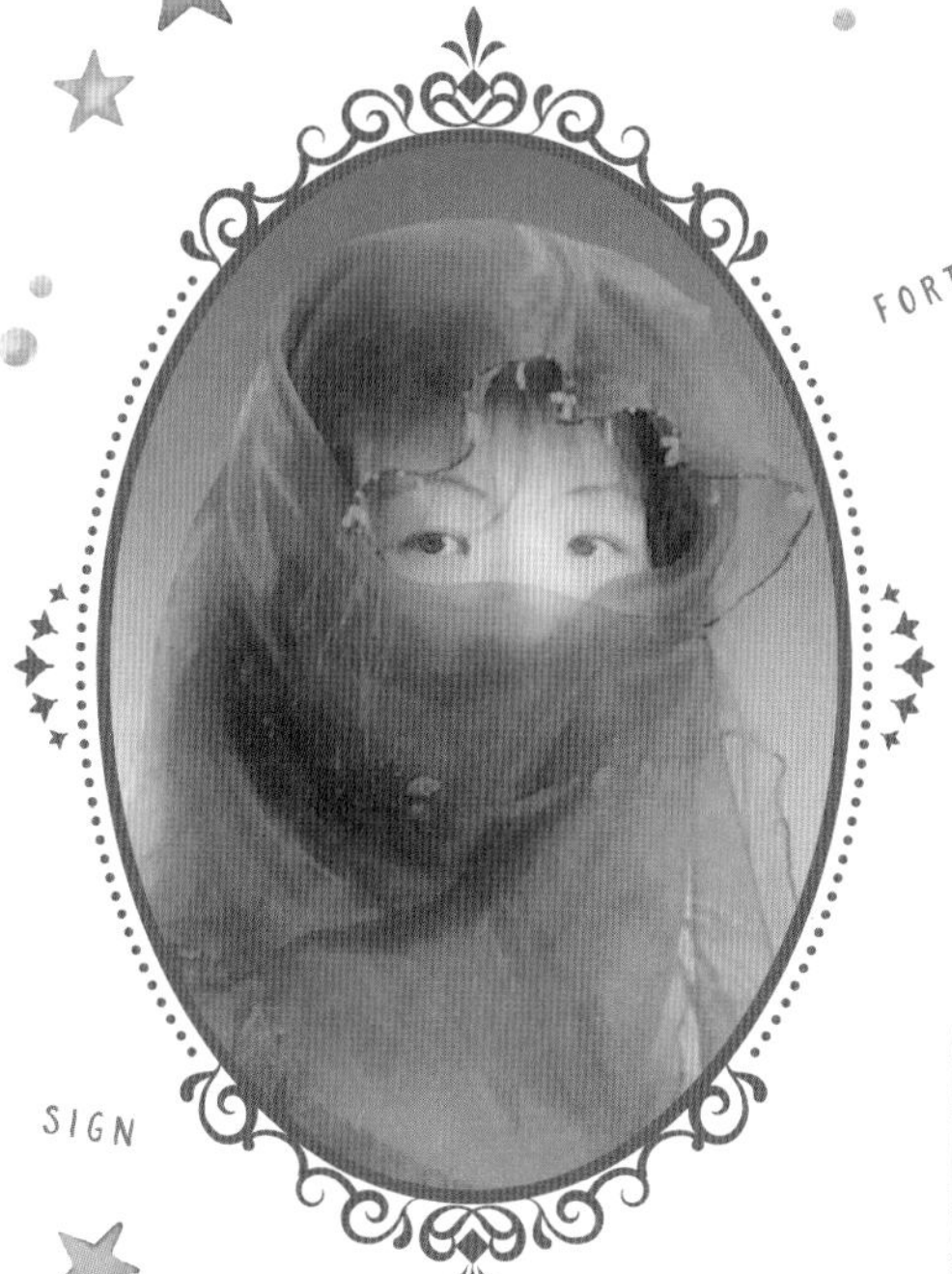

—先生の得意な占術はなんですか？

幼いころから霊感霊視の力があり、目には見えないものや感情をコントロールしたり霊的に操作する事ができるため、霊感霊視による鑑定を得意としています。お客様の状態に合わせて、その都度カードや手相、オーラ鑑定なども取り入れながら鑑定を進めていきます。視えたもの、感じたことをもとに、軒龍皐流霊気（もともとの自分になるためのメンタル面や体内の療法等）、縁結び、縁切り、感情のコントロール、ストレス緩和、除霊等を行い、鑑定後お客様ご自身がその効果を実感していただけるように努めています。

—鑑定で特に心がけていること・気をつけていることはなんですか？

鑑定に入る瞬間までにプライベートでどのような事があっても、一瞬で私情を消す事です。これは長年に亘る修業があってできることで、今でもそうした初歩的なものでも、日々修業し手を抜いたり怠ることはしません。そのため、鑑定内容に個人的な意見は一切入れず、質問に対してのみお応えするようにしています。人間としての感情を強制的に停止させているので、必然的にそうなるのです。また、当たり前のことかもしれませんが、どのような人となり、またはご相談内容のお客様であれ、差別なく鑑定させていただいています。

—鑑定現場のプロとして、初めて鑑定で相談をしようとしている方へのアドバイスをお願いします。

質問の内容は人それぞれです。こんな軽い内容でも良いのかなどは考えず、自分にとって悩んでいる事であればそのまま話してくれて大丈夫です。ご自身の中でどれだけのレベルで悩んでいるのか、そこへ霊感のチャンネルを確実に合わせて鑑定しているので、無駄に不安にならなくても大丈夫です。ただ嘘や隠し事などが入るとそれなりの鑑定になったり、結果が異なってきますので、正直にお話をしていただきたいと思います。

—今まで、鑑定で体験した不思議なこと、感動したことはありますか？

不思議な事というか、霊感が強くまた一定以上のレベルを持つ霊能者には、これからお話するような事はよくある体験ではないかと思います。以前、鑑定のためのホテルの部屋で、お客様と同席中にホテルのトイレの扉を開けようとしたところ、内側から物凄い力で閉められた事があります。その時は流石に悲鳴が上がりました。あとは、事務所を構えていた頃、遠方のお客様がこちらの事務所へお越しの日の明け方、金縛りに遭遇し、その方がどのような方なのか、人となりやご相談内容まで金縛りで見せられました。他には生霊を取っている最中に様々な問題が私のところへ来るという事もあります。

もちろん感動することもたくさんあります。中でもとても込み入った内容がどのような仕組みになっているのか、月日をかけて判明したり、とても長い期間かかった呪術が完了して霊的にも現実的にも変化が見られた時はやはり嬉しいですし、感動を覚えます。

場所／自宅サロンにて店舗営業　**鑑定の申込方法**／お電話にて受付
電話／090-5187-3216　**WEB**／https://lovepeaceworld.blog.shinobi.jp/

072

秋田県

松山恭子

まつやま・きょうこ

鑑定歴30年。1989年から1993年にかけて化粧品店、宝飾品展のイベントに多数出演、3万人以上を鑑定。1994年、現住所に「占いの部屋」を開設。現在に至る。

【主な占術】四柱推命・手相・姓名判断・奇門遁甲

—先生の占い師への経緯（占いとの出会い）をお聞かせください。

身近に姓名判断と九星気学で易占業をやっている方がいて、高島易断の姓名判断の本を見たことから占いに興味を持ったことです。

—先生の得意な占術はなんですか？

四柱推命です。はじめは姓名判断に興味を持ち、自分なりの法則も編み出しましたが、人の一生を占うのには不足があると思い、阿部泰山先生、武田考玄先生の四柱推命を独学で研究、以後30年間四柱推命を柱に手相、姓名判断を組み合わせて鑑定しています。

—鑑定で特に心がけていること・気をつけていることはなんですか？

占いにおいて直感や霊感を否定するものではありませんが、占いは科学であるというポリシーのもと事実を直視し科学的に分析、問題の解決や成功、発展につながるようコーチングしております。できるだけオープンな雰囲気で、お客様が何でもざっくばらんに相談できるように心がけています。単なる愚痴はお受けしない場合もありますが、その代わり、どんな困難な悩みや不安にも誠意をもってお答えしております。

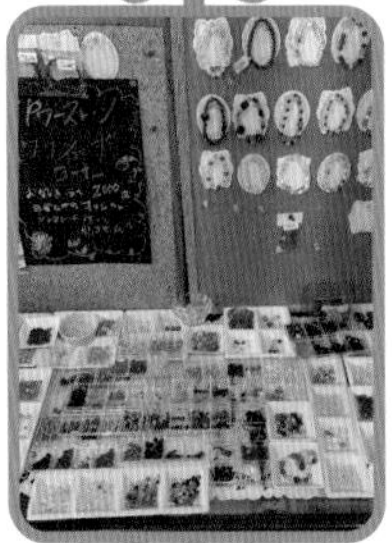

—鑑定現場のプロとして、初めて鑑定で相談をしようとしている方へのアドバイスをお願いします。

初めての鑑定では緊張から、頭が真っ白になって何を聞いたら良いかわからなくなるという方が多々おられます。当店では簡単なアドバイスシートを用意しておりますが、お客様自身もあらかじめ相談したい内容をメモにしてお越し頂けると良いかと思います。また、ご自身の生まれ時間が解った方が良いので、できるだけ調べておいて欲しいです。

—今まで、鑑定で体験した不思議なこと、感動したことはありますか？

毎日が不思議と感動の連続です。私自身、四柱推命の的中率に驚くばかりです。ご来店時は不安や悲しみでいっぱいだったお客様が、晴れ晴れと明るい表情になって帰られる様子を見るのは大変うれしいですし、アドバイスに従っていただいた結果、受験に合格したとか、良い人と結婚できたとか、毎日のように報告を戴いております。10年ぶり、20年ぶりにお見えになった方が、アドバイス表を大切に持っていて、言われた通りの運命になったということもしばしばです。30年やっていて一つのトラブルもなく続けて来られたことを、感謝しております。

—一言でいって、先生にとって「占い」とはどのようなものですか？

人生の天気予報のようなものと思っています。人の一生は四季にたとえられ、一年は毎日のお天気にたとえることができます。人はそれぞれ自分という星の住人なのです。砂漠のように雨が降らず、太陽が照り付けている星もあれば、北極のように氷に閉ざされ、年中冷たい北風が吹きつける星もあります。自分はどのような星に生まれ、どんな季節をいつ頃過ごすのか、できる限り正確なお天気図を作って明日の天気を予報するように、明日の運命を予想し、それぞれの星に見合った活用の仕方を考えるのが占いだと思っています。

場所／秋田市泉中央1-11-4　**鑑定の申込方法**／対面、電話、ZOOM、LINE、facebook　**電話**／090-9033-8022
メール／nob1532y@gmail.com　**LINE**／090-9033-8022　**Facebook**／https://www.facebook.com/uranainoheya/

073

秋田県

てんしょうもえ

親子2代の占い師。1998年から占い師として2万人以上を鑑定。カルチャースクール等講師を経てカイロンスクール開校。㈱カイロン代表取締役。コンテンツ天晶流推命、著書「一番くわしいパワーストーン教科書」他。現在はスクール運営の側ら、「占いサロンMoe」にて鑑定・講座を秋田市内・オンライン・全国出張にて承っております。

【主な占術】タロット・Osho禅タロット・西洋占星術・四柱推命・方位術・開運小顔施術

―先生の占い師への経緯（占いとの出会い）をお聞かせください。

占い師の母に向いていると勧められたのがきっかけです。勉強を進めるうちに占いの世界の奥深さにすっかり魅了され、一通りの技術を学びました。電話鑑定や原稿作成を始めた当時は子育て中だったため、家事との両立ができ良い仕事だなと思いながら続けてきました。子育てが一段落する頃に対面鑑定や講師活動へと変わっていきました。

―先生の得意な占術はなんですか？

駆け出しの頃からタロットカードを希望されるお客様が多く得意分野としてきました。現在はタロットとOsho禅タロットを組み合わせたセッションにご好評をいただいております。タロットの絵のとおりに現状の流れをご説明するとお客様の心が納得されるのを感じますし、Osho禅タロットは、心の癒しに直結するカードだと感じます。そのほか西洋占星術と四柱推命にも力を入れています。

―鑑定で特に心がけていること・気をつけていることはなんですか？

占いの予言が「呪い」にならないように、人生の学びや可能性を奪わないようにと考えています。また、占いは万能ではないので、必要以上に立ち入らないように気をつけています。現実的な損得や欲望を叶えることは大切ではありますが、お客様の人生の自然な流れを尊重しながら、お客様の心が納得する占いを心がけています。

―鑑定現場のプロとして、初めて鑑定で相談をしようとしている方へのアドバイスをお願いします。

占い師には、できれば心のうちを正直におっしゃっていただけたらと思います。お客様の質問に対しては、占い師というよりも占術が答えてくれます。その答えにはそれなりの理由があるでしょう。素直に受け止め今後の判断に役立てていただきたいと思います。占い師の言葉は絶対ではありません。実際に変えていけるのは自分自身なので、最終的に自分を信じることを忘れないで下さい。

―今まで、鑑定で体験した不思議なこと、感動したことはありますか？

たまに前向きな言葉がけをするだけで、運を飛躍させることができるお客様がおられます。そんな時、人はちょっとした元気づけだけでも運を飛躍させることができるのだと感じます。嘘を言うわけにはいきませんが、奇跡の可能性を否定することなく正しい方向に導きたいと思います。人を見て的確なアドバイスをするというのは、占い師の人間力が試されるのかもしれません。いつまでたっても鑑定は真剣勝負するしかありません。

―一言でいって、先生にとって「占い」とはどのようなものですか？

人生の軌道修正に役立てられるものだと思っています。何かあった時、占いに背中を押されることで勇気を持つこともできますし、逆に道を正すこともできます。さらに一歩踏み込めば、目には見えない世界との橋渡しをする「秘密」を持つものでもあります。現実だけでなく、魂の世界をも充実させてくれるのが占いの知恵なのかもしれません。

場所／秋田市中通3-4-5　1F　**鑑定の申込方法**／電話またはメール
電話／018-811-2312　**メール**／tenshomoe@gmail.com

074

福岡県

優峰
ゆうほう

東洋学研究家。占い書画家。四柱推命鑑定士。幼少の頃より体感してきた数々の不思議な体験や滝修行などから自身の使命に気付き、導かれるように陰陽道に進む。自身の経験を生かし、大人と子どもの心と身体の健康の改善、回復の為の具体的な成功法を伝えるべく、現在はオンラインを中心に福岡市で鑑定、更新中。今後も活動を続けながら東洋学の学びを深め、より的確なアドバイスと直接治療をするために現在東洋医学の専門校に在学中（テスト期間中は鑑定お休み）。

【主な占術】陰陽五行思想を柱に四柱推命などの東洋の占いを組み合わせたもの。玉手札（漢字を使ったオリジナルのオラクルカード）、日本の神様カード。卜書。

—先生の占い師への経緯（占いとの出会い）をお聞かせください。

幼少の頃、自分にしか見えていない、聴こえていない、感じるものがあることに気付きました。成長するにつれその力をコントロールできなくなり悩んでいたところ、占いを勉強していた友人が「その見えないものを見える形にしてみたら?」と大切な勉強道具一式を貸してくれたのです。そこから何かに取り憑かれたかのように猛勉強しました。

—先生の得意な占術はなんですか?

陰陽五行説を用いた東洋占術です。私はこの占術に出会ったことで、私自身の数奇な人生の答え合わせができ、使命を知ることもできました。自然を受け入れることで開運します。結局どうすればいいのか、という具体的な改善法を伝えやすいのが、私にとってはこの方法です。

—鑑定で特に心がけていること・気をつけていることはなんですか?

いろいろありますが、一番は言葉です。使い方と伝えるタイミング、強弱など。理由は、その方々によって受け取り方が全然違うからです。ひとりのお客様と真っすぐ向き合い、それぞれどんな伝え方が届きやすいか、生年月日や相、視線や仕草や言葉使いなど数々のヒントから、瞬時に最良の方法を出せるように日々磨いています。

—鑑定現場のプロとして、初めて鑑定で相談をしようとしている方へのアドバイスをお願いします。

私達占い師は、占術は違えどお客様に寄り添い、より良い未来のお手伝いをするためにそれぞれ努力と準備をして待っている状態です。何より素直な気持ちでご相談いただき、力を合わせて今後の作戦会議をした方が時間もお金も有意義な上、身になります。判断は、最初の鑑定の帰り道にご自身の気持ちが良くなったか、その反対か。反対ならもう行かなければいいだけですので、どうぞ構えずにお越しくださいませ。

—今まで、鑑定で体験した不思議なこと、感動したことはありますか?

ある男性のお客様とある女性のお客様のそれぞれの片想いの応援をしていたのですが、実はそのふたりは片想いではなく、それぞれにそれぞれを想い合っていた、という素敵なことがありました。お互いにそのことを知らないまま、幸せに私の占いから卒業されたので「こんなこともあるんだ」と不思議で嬉しい気持ちになりました。片想いから両想い、恋人から夫婦に、そしてお子様の命名などその方の歴史のお手伝いができる時は、厚かましくもひとり感慨深い想いです。

—一言でいって、先生にとって「占い」とはどのようなものですか?

「人生のルート検索地図」です。この先の道はこうです、と示された時、もっとも早く辿り着く道、怪我なく安全に到着する道、手段などが詰まっているように感じます。地図なので、見て進むかどうかは自分で決められますし、もしかしたら地図や図鑑にのっていない、綺麗なお花畑を自分で見つけられるかもしれません。私は、安心のために波風も一緒に計算するナビ係です。あなたが次に進む道を決めるお手伝いをいたします。

場所／福岡市中央区、南区、またはオンライン　**鑑定の申込方法**／ホームページ ufomama.com（サイト内公式ラインよりご予約可能です）

075

福岡県

三岳《みつたけ》

幼少期から霊感の強い母とまじない屋として周りから頼りにされていた祖母がいた環境の元で他の人とは違う感覚の中育ってきました。その感覚は、私に中にもあり、そのせいで周りから気持ち悪いといわれることも多く、悲しい思いを持ちながら成人してきました。いつしか祖母と同じように導かれこの世界に入りました。貴方に寄り添い貴方の未来を切り開くお手伝いをします。貴方が自分らしくいられるよう…。

【主な占術】霊感タロット・数秘術・ダウジング・オラクルカード・星読み

――先生の占い師への経緯（占いとの出会い）をお聞かせください。

最初にタロットを手にしたのは20歳のころでした。寮生活で恋愛の相談をよく受けていて、タロットカードを持つ先輩の影響で購入したのがきっかけでした。その後、社会人となりしばらく自分自身が占いジプシーをしていて、占い師の方から『あなた占い師になりなさい』や『あなた占い師でしょ？』といわれることが多く、段々その世界に戻るように導かれたのがきっかけです。

――先生の得意な占術はなんですか？

霊感タロット鑑定です。相談者の話を聞きながら、カードを触っていると、ご相談者の方の本音や状況、心の声などが流れてきて、その後カードがその状況を示してくれます。時に背中に言葉が下りてくるように感じとり、その言葉を自然と口から伝える事が芯をついた鑑定結果として喜ばれています。

――鑑定で特に心がけていること・気をつけていることはなんですか？

最初の鑑定に入る前に出来るだけ心を開いてもらえるように挨拶や声掛けに工夫をしながら話やすい環境を作っています。そうすることで心を少しでも通わせ、より明確な鑑定結果を伝えられるようにしています。もう一つは上げ鑑定を一切しない事。だからこそ相談者さまとの関係を最初に作るように心かけています。

――鑑定現場のプロとして、初めて鑑定で相談をしようとしている方へのアドバイスをお願いします。

簡単な状況の開示を最初に伝える事で鑑定の質が深まります。鑑定師からの質問がある場合も的を得た質問ができ、聞きたい事が多く引き出せます。鑑定師への信頼を持ち、怖がらずに安心して相談に来て欲しいと思います。

勿論、鑑定師サイドの相談者様への配慮あってのことですが。

――今まで、鑑定で体験した不思議なこと、感動したことはありますか？

占いをやっていて感動することやちょっとした不思議な体験は多くありますが、私にとっての感動は、ご相談者の方が元気になって自分らしくいられるようになったご報告や諦めていた数年がかりの恋が実り、ご結婚なさった幸せなご報告を頂いた時が一番の感動ですね。どんなご相談内容に対しても全力で応援したいと思っていますが、全ての方が成就される訳ではないからこそ鑑定師として嬉しく感じる事です。

――一言でいって、先生にとって「占い」とはどのようなものですか？

『占い』とは、現在時点を確認する一つのツールでしかありません。

人生に迷ったり、恋愛で自分が見えなくなった時に今の自分の状況を確認したり、進むべき方向が見えなくなった時に立ち止まって前を向ける方法を知るためのアイテムのように使って欲しいですね。

「今ココ」の状況を把握し、そこには必ず自分自身の未来を良きものに変化させていくヒントが得られるものだと思っています。

場所／福岡県　**鑑定の申込方法**／インスタグラムまたはgmailからお申込みください
メール／y.mitutake@gmail.com　**Instagram**／@uranai_yuna　**電話**／080-5288-5526　**LINE**／@529bipnn

076

福岡県

マリアシモンズ

福岡県出身。由緒ある寺院に生まれる。祖母も母も霊感が強く、その血筋を受け継ぐ。幼少の頃より見えない世界を視ることが出来た。師匠と共にヒーラー、鑑定師として活動をしていた2019年４月に天照大御神様からの啓示があり、更に深い世界観を構築。非常に強いエンパスでもあり、紆余曲折の人生を送る。ヒーラー、臼井式伝統靈氣マスターとしての活躍を経て、現在は対面、靈氣ヒーラーとして活躍中。

【主な占術】霊感・霊視・霊気ヒーリング・タロット・オラクル・カバラ数秘術・宿曜

PALMISTRY

SIGN

CRYSTAL

TAROT

―先生の占い師への経緯（占いとの出会い）をお聞かせください。

ドリューバーチューさんのオラクルカードに魅せられたのがきっかけです。オラクルカードの美しさ、ご神託の深さ、明瞭さ、的確さに完全に魅了されました。一組のオラクルカードとの出会い。それが私の占いの原点となりました。

―先生の得意な占術はなんですか？

私の得意な占術は霊感霊視、オラクルによるご神託、また霊感タロットによるダイレクトなメッセージ。それに心理学、量子力学をプラスしています。レイキヒーリングの中で霊気最高峰の秘術であるレイキボックスの使い手でもあります。願望成就にはこのレイキボックスが欠かせません。宇宙の力を一身に受けることが出来る特出した素晴らしいものです。

―鑑定で特に心がけていること・気をつけていることはなんですか？

一番心がけていることは傾聴することです。クライアント様の話を全身全霊で、徹底して五感をフルに使って傾聴する。これが出来なければ、鑑定のクオリティが下がってしまうと思っています。波動調整にも気を配っています。クライアント様に笑ってもらうことも大好きなので、ユーモアのセンスも欠かせないと思っています。

―鑑定現場のプロとして、初めて鑑定で相談をしようとしている方へのアドバイスをお願いします。

肩に力を入れず、リラックスをしてお好きな言葉を選んで頂いて何でも遠慮なくご質問頂けると、スムースに鑑定へと進めます。また対面の場合は全体の雰囲気からも視て行きますので、この場合もリラックスをして、聞きたいことを素直におっしゃって頂けるのがベストだと思っています。

―今まで、鑑定で体験した不思議なこと、感動したことはありますか？

私は、非常に強いエンパス体質でもあります。お相手の感情、体調などがダイレクトに私の体と心に響いてきます。クライアント様の後ろにご先祖様からの護りが強く入っている時などは非常に感動します。

―一言でいって、先生にとって「占い」とはどのようなものですか？

私にとっての鑑定、ヒーリングは愛です。愛に始まって愛で終わる。宇宙自体が愛の波動なので、これは私的には当然の事。鑑定というのは当たり外れも大切だというのは承知しています。ですが、私が心がけていることは、この宇宙で唯一無二の自分を大切にしてもらう事。波動を高め、豊かさへ導く事です。占いをうまく使って幸せに気付き、更に豊かに。そして、羅針盤としてうまく使ってもらう事です。ただ鑑定は入口でしかありません。これだけでは人生は変わることはないでしょう。視てもらえば大丈夫というのは正しくなくて、要はご本人がアドバイスをベースにどう動くか？どう行動するかにかかっています。運命は動かせます。そのための伴走者として、私は鑑定というものをしています。そこには霊気があり量子力学があり、脳科学があるのです。スピリチュアルは証明出来る時代です。これが私にとっての占いです。

鑑定の申込方法／紹介制、オンライン　**メール**／maria.simmons358@gmail.com　**LINE**／https://lin.ee/NWRUg14M
Instagram／https://instagram.com/maria_simmons_healing?igshid=MzNlNGNkZWQ4Mg==

077

熊本県

LiRiKa
りりか

約20年前、古神道の先生と出会い能力を見出され、その後15年間占い師としてボランティアで活動。その間クチコミが広がり日々お客様が絶えず、いつしか占い師としての活動に使命を感じ始め、本格的にデビュー。3年間在籍した占いの館では、予約開始後すぐに翌月の予約が満席になることから「予約が取れない占い師」として名をはせる。鑑定実績は約1万人、現在は個人で活動中。

【主な占術】チャネリング・霊感・霊視

—先生の占い師への経緯（占いとの出会い）をお聞かせください。

小さい時から、人の相談に乗ることは多かったですが、占い師になりたいとは思ったことはありませんでした。しかし、古神道の先生に出会って沢山の方々の相談に乗っているうちに、自分自身とても勉強になることが多く、さらに心も癒されていき、その経験が私の人生を見つめなおす転機となったのです。人が笑顔になる瞬間に立ち会える喜びがいつしか自分の使命のような気がして、ボランティアでずっとやってきたことでしたが、ちゃんと仕事にしたいと思うようになり今に至っています。

—鑑定で特に心がけていること・気をつけていることはなんですか？

占いに行きたい時というのは、行き詰まってどうしていいのかわからないとか、不安で身動きが取れない状態になってしまっている時が大半だと思います。

そのため、その人が思い込んでいる価値観以外の選択肢を提案して、さらに想定する未来も一緒に説明して、新たな明るい道もあるということをお伝えするようにしています。選択肢を増やしたうえで、その人が本当に望むことを一緒に探して、一歩先に進むお手伝いをすることを心掛けています。アドバイスするときは曖昧な表現はできるだけ避け、現実に落とし込みやすい言葉にしてお伝えするようにもしています。

—鑑定現場のプロとして、初めて鑑定で相談をしようとしている方へのアドバイスをお願いします。

鑑定時間を充実させるために一番大切なことは、質問したいことを明確にしておくことです。その質問が具体的であればあるほど、内容も充実すると思いますし、何よりスムーズに鑑定を受けることができます。私の場合は、霊感霊視なので名前と年齢があれば大丈夫ですが、占術によっては生年月日、血液型などできるだけ情報が多いと色々な角度から鑑定してもらえる可能性があるので、相談内容によってはお相手の情報も予めご準備されておくと良いでしょう。

—今まで、鑑定で体験した不思議なこと、感動したことはありますか？

たまに自分でチャネリングした内容であっても、本当にそうなるのだろうかと思うことがありますが、その後お客様から鑑定通りになったと報告を受けると、やはり毎回不思議だなと思います。また、お客様の前世を視て、今の人生にどんな影響を与えているのかというのがわかった時も、輪廻転生を繰り返しているのだと改めて気づかされ、心がその全てに揺さぶられるのを感じます。

—一言でいって、先生にとって「占い」とはどのようなものですか？

生きていると、良いことばかりではありませんが、生きることが辛くなったり、先に進めない時に占いは、一番の良い道標になるのではないかと思います。みんな弱い部分を何かで補いながら生きていく中で、自分にとっていざというときの拠り所があれば、心が軽くなったり、勇気に変えることができます。私はそんなつらい時に、その人の一番の理解者で一番の応援団になれたらいいなと思いながらこの仕事をしています。

場所／熊本市東区長嶺西2-2-18　**鑑定の申込方法**／公式ラインアカウント、インスタDM、電話
電話／096-349-0088（留守電対応）　**LINE**／https://lin.ee/2yyYU9H　**Instagram**／https://www.Instagram.com/chipster216

078

鹿児島県

南 富士香

みなみ・ふじか

鹿児島の喜び入る町「喜入町」の夫婦関係専門はっぴーはーと心理相談室で、占いカウンセラーとして約10年間活動を続けている。算命学、九星気学、易占いを得意とし、数々のメディア掲載やセミナー実績を誇る。鑑定はもちろん、実体験に基づく説得力あるアドバイスと、ご相談者様の心に寄り添う温かい人柄で、県内をはじめ全国各地に多くのリピーターを抱えている。

【主な占術】算命学・九星気学・易

―先生の占い師への経緯（占いとの出会い）をお聞かせください。

生年月日をもとにした宿命鑑定と開運占いです。その方の悩みの本質に寄り添いながら、家族関係、結婚（恋愛）、離婚（浮気、愛人）、職場における人間関係といった、人間関係で苦しんでいる方の悩みをお聴きして、その方が腑に落ち、魂とココロがホッと安心でき、前に進める解決方法をお伝えしております。

お相手の方の生年月日が分からない時や、ご自身では迷いや不安があり決断しかねる時などは、易占いもまじえて鑑定していきます。

―鑑定現場のプロとして、初めて鑑定で相談をしようとしている方へのアドバイスをお願いします。

初めて鑑定にいらっしゃる方はとても緊張されている方が多いのですが、ココロのガス抜きができる憩いの場と捉えて、もっと気軽にお越しいただければと思います。

このご時世、悩みを打ち明けられる環境、機会は意外と少ないものです。さらに、悩むあまり負の連鎖に陥り、一人で考え抱え込んでしまうという方が多いのではないでしょうか。無理に自分のココロに蓋をし、無かったことにしようと頑張ってしまうことで、結局ココロが耐えきれず、からだに違和感や不調が出始めてしまいます。

占いはこんな大変な思いをする前に、皆さんのココロに溜まったモヤモヤを気軽にお話していただけるココロの拠り所だと思って、初めての方も安心してご相談していただきたいです。

―今まで、鑑定で体験した不思議なこと、感動したことはありますか？

固くこわばったご相談者の表情や、緊張して上に上がった肩、握りしめた手、きちんと揃えた足が、セッションを進めて行くうちに自然と緩んできます。浄化され緊張や力みが抜けた素の状態になってから、自然と出てくる笑顔やとめどもなく溢れ出てくる涙は、とても美しく素敵なものです。ご自分でも気づかないうちに、固く握りしめていた何かを、自然と自ら手放せた時に放つエネルギーは、とてもクリアーで感動的です。鑑定歴を重ねてもその瞬間の感動はいつも新鮮で色鮮やかに感じられます。

―一言でいって、先生にとって「占い」とはどのようなものですか？

〝涙が笑顔に変わるココロの拠り所〟のようなものだと思っています。

きっと良くなると心から信じ、今この瞬間の目の前の一つ一つの事象を、丁寧に大切に向き合って生きる、その経験が積み重なって、やがて大きな成長へ繋がると思います。その過程でどんな悩みのどん底にいても、〝きっと良くなる〟という気持ちに一瞬にしてなれるのが、占いの力です。今世、自分がなんのために生まれてきたのか自分の宿命を知り、〝なるほどだからか！〟と腹落ちした瞬間に、今の自分を素直に受け入れることができます。占いに触れることで、悩みに囚われその方向からしか見えていなかった現実を、見るポイントや角度を変え、そして全体を俯瞰して見ることが不思議とできてしまうのです。

場所／鹿児島市喜入町7059-4【美容鍼の百雅楽サロン内】 **鑑定の申込方法**／電話もしくはインターネット
電話／（099）345-1615 **WEB**／http://www.happyheart-kagoshima.jp/

079

沖縄県

島袋千鶴子

しまぶくろ・ちずこ

沖縄県うるま市出身。100年以上続くユタ直系の家系に生まれ、幼い頃から予知能力を発揮。琉球文化と四柱推命をベースにオリジナルの「琉球推命バランス統計学」を確立。これまでに約15万人以上の占い鑑定歴、年間1,000件以上の命名実績あり。顧客には政財界、企業人、芸能界も多数。メンタルウェルネストレーニング1級の資格も持ち、レイキティーチャー、脳力活用マイスターでもある。鑑定歴は約40年に及び、「沖縄の母」と親しまれている。

【主な占術】琉球推命バランス統計学・命名・印相学・手相・人相・家相・印相・気学

――先生の占い師への経緯（占いとの出会い）をお聞かせください。

代々ユタを受け継ぐ家系に生まれ、兄弟姉妹4人のうち弟と妹と私の3人が占い師になっています。家柄ということもありますが、幼い頃から不思議と直感が他の方より鋭く、感じたり視たりしたことが現実となることがいくつもありました。9歳の時にご縁があり、同級生のお母さんが占いの先生だったため占いを習いだし、35歳の時には塾の経営のかたわらで占いをしていました。評判がどんどん広がり、口コミで何百件も鑑定依頼を受けるようになり、本格的に占い師として活動を始めました。その後テレビやラジオ、週刊誌などのマスコミからの取材が相次ぎ、「沖縄の母」と称されるようになりました。

――先生の得意な占術はなんですか？

「琉球推命バランス統計学」を用いた占いです。これは中国から発祥4000年の歴史と信頼がある学問、四柱推命や九星気学などをベースに独自に編み出したオリジナルの占術になります。

私のする占いは「命（めい）」「相（そう）」「卜（ぼく）」の3つに分類されます。命は、生年月日や生まれた時間や場所など、琉球推命バランス統計学を用いて、それぞれの運命や宿命を導きだします。相は、手相や人相や家相を用いて現在の影響や吉凶から後天運を占います。卜は物事を決める時に使われ「命」や「相」ではわからない部分を感性で読み取ります。「命」「相」「卜」の3つをかけあわせることで、お客様の過去、現在、未来を驚くほどに示してくれるのです。

――鑑定現場のプロとして、初めて鑑定で相談をしようとしている方へのアドバイスをお願いします。

偏った視点ではなく、色々な方向から悩みと向き合うことが大事だと思います。そのためにも、鑑定時には遠慮なく、出来るだけ具体的に相談内容を話していただくことで、鑑定の質は上がり、より有効的な時間をお過ごしいただけると思います。鑑定を通してご自身では知りえなかった新たな一面を知ることで、物事を判断するうえでとても頼りになる「鍵」を手にすることができ、明るい未来へと続く扉を開けることができるのです。どうか緊張なさらず、ゆっくりで構いませんので、ご自身の抱えているものを全てお話ください。

――今まで、鑑定で体験した不思議なこと、感動したことはありますか？

多くのお客様を鑑定をしていると、日々感動的な出来事で溢れています。特に鑑定でお伝えしたことが的中し、お客様から結婚、妊娠、出産に関するご報告を頂くときは、何度経験してもその喜びと感動に胸が熱くなります。

また、だいぶ前のことですが、私が小学4年生の時です。ふとした瞬間に、校長先生と私の担任の先生が結婚すると感じました。2人に話したところ意外な表情をみせたのですが、結果そのようになりました。当時は何故急にそう感じたのか自分でも不思議でしたが、その頃から言葉では言い表せない「感」が冴えていたのだと思います。

場所／うるま市本店（うるま市みどり町6-16-11）那覇店（那覇市安里）東京鑑定（都立大学駅前）　**鑑定の申込方法**／電話またはインターネット　**電話**／098-973-1668　**WEB**／https://thidaokinawa.co.jp/

080

沖縄県

美杏《みあん》

幼少より、透視能力・霊能力を授かる。横浜中華街・東京恵比寿で占いを開始後、ゆかりの地、中国西安・台湾・アジアでの中国密教・道教・ユタ修行など研讃を積み、様々な神通力を獲る。五術が使える数少ない占い師と呼ばれている。その霊力は、祈祷やお祓いを行えるまでになり、海外からの取材も多い。沖縄那覇に占いサロンを開店。日本全国からリピーター・ファンに来店してもらえる、本当に実力のある予約の絶えない占い師です。

【主な占術】手相・イーチンタロット・東洋占星術・四柱推命・霊視・五術を組み合わせた琉球大霊占術

―先生の占い師への経緯（占いとの出会い）をお聞かせください。

沖縄ユタ先祖の血統があり、幼少期、多種の霊的現象を経験。最初はその能力を否定し封印していましたが、多くの霊能者・僧侶からの勧めで琉球天界からの神託を受けるようになり、霊視鑑定を生業として生きることを決意しました。弘法大師の生まれ変わりといわれる「眞魚氏」と出会い、仏教・中国密教や道教・沖縄ユタの修行も習得。これまで周りの人からの多くの支えがあり、今の私が存在しています。

―先生の得意な占術はなんですか？

琉球五術大霊占術です。命・卜・相の占いに加え、「医」の心療法、「山」の密教・経・符呪を用いた霊療法の五つの術を組み合わせて占います。更に、神託を交えることで、ご自身の守護霊様からのお言葉をお伝えいたし、いつ動けばよいか、何を選択すればよいかなど多方面から視させて頂きます。

―鑑定で特に心がけていること・気をつけていることはなんですか？

ご依頼者の気持ちに寄り添い、迷いや苦しみ・つらかったことなど、私の前に全て置いていって、スッキリして欲しいと常に思っております。また、ご依頼者の「魂を輝かすこと」も心がけています。守護霊様からの助言の通りに動いていただくことで、魂に輝きが増してきます。ご依頼者が不安なく、幸せな道を歩むお手伝いをすることが私の使命だと考えております。

―鑑定現場のプロとして、初めて鑑定で相談をしようとしている方へのアドバイスをお願いします。

今のお気持ちやモヤモヤしていることを全て包み隠さず、私を頼って打ち明けてくださいませ。自分はどうしたいか、今は何を選べばよいか、苦しい心の声をお聞かせくださいませ。本意をしっかりと伝えることと無垢な心で頼られることで、私も守護の気持ちと能力が発揮できます。また、鑑定結果を信じて実践することで、より良い結果を生みます。

―今まで、鑑定で体験した不思議なこと、感動したことはありますか？

いつでも感動するのは、お客様からの喜びのメッセージをいただくことです。お客様が鑑定結果に満足し、知人友人をご紹介いただけるのもとても嬉しいことです。霊視で守護霊様からのお言葉通りに動いていただけた方には、視えた通りのことが起こりますし、奇跡や信じがたい良いことが起こります。特に縁結びの祈祷では、奇跡のような復縁・縁結びを目の当たりにしてきました。

―一言でいって、先生にとって「占い」とはどのようなものですか？

占いとは『羅針盤』です。今いる場所から幸せになるためにどう動けばよいか、どこに向かえばよいか教えてくれるものです。ただし、羅針盤を読むナビゲーター（占い師）の力も必要です。私自身が、占いというツールをもっと使いこなし、より短時間で幸せのゴールに導けるように、日々の勉学と研究を重ねながら、ベストな解答を導き出せる能力を高める必要があると感じています。

場所／那覇市おもろまち4丁目8-10　2F　**鑑定の申込方法**／完全予約制　お電話にて
電話／098-943-3616　**WEB**／http://okinawa-mian.com

081

沖縄県

恋恩
れのん

占い師として活動をはじめて17年。大手電話占い会社でデビューしたのち、沖縄県北谷町カーニバルパークで沖縄占いチュチュをオープン。年間鑑定者数は約2500人に及ぶ。雑誌・ラジオなどのメディア出演や、占い師の育成のための各種講座の講師も担当している。タロット占いと第六感を融合させ、占いを受けた方の魂や気持ちを癒すヒーリングタロットが代表的メニュー。

【主な占術】ヒーリングタロット（電話占いも可）・オーラ・前世療法

―先生の得意な占術はなんですか？

「ヒーリングタロット占い」です。カードは22枚の大アルカナのみを使用しています。ご相談者様の状況に合わせて、いくつもの角度から視ていくことによって過去や未来、気持ちの流れが見えてきます。タロットから前世をみることを得意としており、お客様の中には心のつかえがとれて泣いたり、鳥肌が立つという方も多く、人生の課題や家族関係、適職、恋愛のテーマなどを知ることができます。

またアロマやオーラも用いて感情のつまりを解放し、ご相談者様の心の奥の願いや本来の生き方を導く「トラウマリリースセラピー」も行います。本来の自分を知ってもっと好きになることができるセラピーです。

―鑑定で特に心がけていること・気をつけていることはなんですか？

地に足をつけた鑑定をすることを心がけています。占いと聞くとふわっとした不思議なイメージもありますが、現実面を大切に今できることをアドバイスしています。人に悩みを話すのは勇気がいることですので、ご相談者様が安心して心を開けるような雰囲気作りと癒しや自信が持てる波動を送ることを大切にしています。

また一番大切なのは、ご相談者様が自分で人生の選択ができるということです。そのために、「どうしたいか、何を本当は望んでいるか」その心の声を引き出し自覚することで、乗り越えられる強さを持てるようにサポートしています。

―鑑定現場のプロとして、初めて鑑定で相談をしようとしている方へのアドバイスをお願いします。

占い前に準備するといいことは、「来る前に今までの状況や経緯を書き出して整理する」「自分がどうしたいか、理想を問いただしておく」「どんな答えが来ても1つのヒントとして、自分で決断する」この3つです。

これをするだけで時間を有効に使えて、スッキリ感は増します。あとは相性の合う占い師さんを探すことです。ハッキリと言われたいのか、優しく包まれたいのか、自分のタイプに合う占い師さんを選んでみて下さい。

―一言でいって、先生にとって「占い」とはどのようなものですか？

占いとは、「自身の可能性を引き出す」ことです。自分では見えていない性格や忘れていた心の傷、行動することで変えられる運命などについて、ご相談者様が気づきを得ることで大きく可能性が広がっていきます。ヒーリングタロットの講座は、初心者でも2回目のレッスンで自分のことや相手のことを、意味も見ずに感性で占うことができます。誰にでも眠っている感性があり、占いを通してそこに気付けることで視野が大きく広がり可能性が開けます。そのお手伝いができることが、私の楽しみです。

場所／うるま市石川伊波401-6　**鑑定の申込方法**／お電話・LINE・HPの申込フォーム
電話／090-6861-0550　**Instagram**／uranai_chuchu　**LINE ID**／沖縄占いチュチュ @sik0819j

082

長崎県

占い心理セラピスト
「幸せ師ユーイチ」
しあわせし・ゆーいち

カンボジアで井戸を掘る資金を貯めるため、週末に路上で占いを始めると、わずか1ケ月で2時間待ちの行列ができる人気占い師として、メディアに取り上げられる。占いによる未来予知に加え、心理学やセラピーの理論を活用して未来を好転させる「人生好転プログラム」を独自に編み出す。当てるだけではなく、未来を好転させて幸せに導く占い師という意味を込めて「占い心理セラピスト『幸せ師ユーイチ』」として日々、活動中。

【主な占術】手相・タロット・西洋占星術・チャネリング・姓名判断・人相学・運氣読み

―先生の得意な占術はなんですか?

「手相・タロット・西洋占星術」を組み合わせて占うのが得意です。この3つにはつながっています。西洋占星術で生まれ持った「宿命」をみて、手相で流れである「運命」をみて、タロットで現時点の「縁」をみます。この「宿命」「運命」「縁」を総合的に見ることで、的確に未来を予測し、人生を好転させるための方法がわかるようになります。占いで未来を予測して、心理学やセラピーの理論を活用して未来を好転させる占術を行っています。

―鑑定現場のプロとして、初めて鑑定で相談をしようとしている方へのアドバイスをお願いします。

初めて鑑定をうける時には、緊張して頭が真っ白になってしまい、何を聞いていいのか分からなくなる相談者様も多いので、事前に「なにを質問したいか」をメモしておくと良いでしょう。そうすれば「あれも質問しておけばよかった」という後悔が減らせます。また、望むような鑑定結果が出なくても「では、望み通りにするにはどうしたらいいですか?」と質問することをお勧めします。相談者様のことを大切に思う占い師なら、ちゃんと運命を良い方向へ導くアドバイスをしてくれるはずです。

―今まで、鑑定で体験した不思議なこと、感動したことはありますか?

母親に連れられて、いじめにあって不登校だった子が鑑定に来たことがありました。

占ってみると、カリスマ性を示す星があったので「エンターテインメントの才能があるから、もっと人前に出たらいいよ」とアドバイスしたら、その子が自信をもって学校に行けるようになったと、後日報告を受けました。

それから10年ほど経って、その子の母親と再会し「いま、うちの子は芸能プロダクションに入って、舞台に立っています」と嬉しそうに話されているのを見て、感動を覚えたのと同時に、改めて占いで自分を知ることの素晴らしさを教えられました。

―一言でいって、先生にとって「占い」とはどのようなものですか?

私にとって占いは、「運命の健康診断」のようなものです。大切なのは、その診断に基づいた「運命の治療」だと考えています。健康診断で悪い結果が出たときに、それを治療する方法を伝えてない医者はやぶ医者でしょう。

占い師も、占いで悪い結果が出たときに、それを好転(治療)する方法を伝えることが大切だと考えています。

占いは診断であって、大切なのは診断に問題があった場合、どう治療していくかです。占いに振り回されてしまうと人生を台無しにしてしまうことがありますが、占いを活用することができれば、人生に大いに役立てることができます。

場所／長崎市浜町9-2「幸せ師の部屋」　**鑑定の申込方法**／電話もしくはメール
電話／095-822-2502　**メール**／siawasesi@ybb.ne.jp　**WEB**／https://siawasesi.com/

083

大分県

來果《らいか》

知人友人を鑑定しはじめてから約30年。9年前にタロット鑑定師として本格的にデビュー。「タロットを通して視えるビジョン情報」と透視に近い感性で「相手の気持ちや本音」「現在の状況」「近未来」を読み解くことを得意としている。恋愛相談に強く実績も多数。的中率だけでなく、問題解決に強いアドバイスで幸せに繋がるように一人一人丁寧に鑑定してくださることから、多くのお客様に支持されている。遠方の方には同一料金で電話鑑定も対応可能。

【主な占術】透視・タロットカード（22枚の大アルカナ）

―先生の得意な占術はなんですか？

22枚の大アルカナのみを使用したタロット鑑定を得意としています。なぜなら、タロットを知らない人でも怖そうなカードが出ればハッとし、ラッキーそうなカードが出ればホッとするように、問いかけに対して分かりやすく「そういう意味が隠されているんだな」と気づくことができるからです。深く広い意味を持つからこそ、その人なりの発見や独自の答えを見つけ出すことができるのも魅力の一つです。

―鑑定で特に心がけていること・気をつけていることはなんですか？

今まであらゆるどん底を経験してきたので、深いお悩みを抱える方にも心から共感して、寄り添って鑑定することを何より心がけています。それに加え、自分も幸せでいることも心がけています。なぜなら、心のバランスが取れてないと人をハッピーにすることはできないからです。自身の経験と、鑑定で出た良いことも悪いこともお伝えしていきますが、ゴールはお客様の幸せです。必ず明るい未来へと繋がるヒントや鍵を見つけてお伝えしていきます。

―鑑定現場のプロとして、初めて鑑定で相談をしようとしている方へのアドバイスをお願いします。

「未来を知るのが怖い」と言う方もいますが、「悪いことが起こりそう」って時に、進むべき道を知らないと迷子になってしまいます。占いは不安で真っ暗な道に、「近道」という未来を教えてくれます。知ることによって新しくスタートすることができるし、ちゃんと回避できる。これが占いの凄さだとも思います。過去を占って振り返る必要はありません。占いは幸せな未来に繋げる「道しるべ」だと考えてリラックスした気持ちで鑑定に行ってみて下さい。

―今まで、鑑定で体験した不思議なこと、感動したことはありますか？

私がハッキリと感じとる時は、不思議とすぐに現実となることが多いです。音信不通の彼から連絡が来たり、新しい命が誕生したり、低迷していた仕事が急に持ち直したり。中でも印象的だったのは、今まさに結婚する方と出逢っているとハッキリ出ているのに、彼や気になる方がいないというお客様がいらしたときのことです。「言い寄って来る方は？」と聞くと、「嫌いな方からの誘いはある」とおっしゃったので、一度だけ食事に行くようアドバイスをしたところ、その方とすぐに結婚の運びとなったそうです。その時はとても感動的な人生の転機に立ち会えたと思いました。

―一言でいって、先生にとって「占い」とはどのようなものですか？

「占い」はみんなに幸せを与えるものだと思います。いわば、占いは写真のようなもの。今直面している現実をクリアにし、あなた自身も気づかなかった細部に至るまで映し出してくれます。自身の性格、行動などを向上させ、知らず知らずのうちに過去の自分とは違う、新しい自分になってることに気づかされるはずです。

場所／日田市中釣町481-1　スカイコーポ101　**鑑定の申込方法**／LINE・メール・電話（※当日予約不可）①予約日②希望時間③コース選択（30分or1時間）④対面or電話　**電話**／080-5253-3933　**メール**／sumairu.7799@gmail.com　**LINE ID**／great0210

084

宮崎県

仁科勘次

にしな・かんじ

14歳の頃からタロットに触れ、天使との交流に成功した際に受けた啓示の言葉に従い、霊能者としての修業を開始。以後、過去世の記憶を取り戻すなどの変化や、天使との交信、退魔の荒行を経て覚醒する。現在は占いやお祓い、守護霊との対話などスピリチュアル全般を通して活動しており、占い師としてのこれまでの鑑定者数は1万人以上に及ぶ。また独自理論を体系化し、それを多くの人に伝授することで後進の育成にも力を入れている。

【主な占術】タロット占い・霊視占い

―先生の占い師への経緯（占いとの出会い）をお聞かせください。

小さい時からスピリチュアルなことが大好きで、小学生のころにはダウジングロッドやペンジュラムでダウジングをしたり、不思議系の本を読んだりしていました。その時にタロット占いのことを知り、いつかしたいと思っていました。

そして、中学2年生の時、家でうたた寝をしていたら、夢を見ました。その夢は地元の小さな書店の2階奥で、タロットカードを授けられるというものです。私はすぐに起きて、その夢で見た書店に行き、タロットカードを購入しました。この一連の出来事こそが、私の占い師人生の始まりなのです。その時に買ったアレクサンドリア木星王先生の解説書は、今でも私のバイブルです。

―先生の得意な占術はなんですか？

タロット占いと霊視占いです。高校時代に2000人ほどタロットで占ったのですが、600人を超えたあたりから、カードの顔や背景が動き、カードの絵柄が私に語りかけてきました。その言葉を相談者に話すと全て当たっていることに気づきました。それからカードと会話できる理論を研究し、論文発表などを通して体系化しました。その研究結果をもとに、カードを使わなくてもお客様の情報を映像化する手法を確立し、いわゆる霊視鑑定をスタートさせました。更に、人と人との縁や人や世界を構成しているプログラム、アカシックレコードなども映像化することに成功し、鑑定に役立てています。

―鑑定で特に心がけていること・気をつけていることはなんですか？

お客様の価値観を前提に鑑定をすることです。私の価値観や社会的な常識で判断しません。お客様が悩まれていることについてどんな感情でいるのか、そしてどうなりたいと思っているのか、繊細に読み取るようにしています。お客様が自分の感情を言語化できない場合も、私が代わりに伝えることで、気持ちを整理し、自分自身の進みたい方向が分かるようにしていきます。

また、お客様の状況や恋愛だったら相手の気持ち、未来など鑑定に必要な情報は映像化し、具体的な内容で収集するようにしています。そして、まるで現場を見てきたかのような詳細な内容でお伝えしています。

―一言でいって、先生にとって「占い」とはどのようなものですか？

「お客様の命綱」です。誰にも言えない深刻な悩みを抱えていたり、苦しみのあまり生きることをやめたいと思われていたりするなど、そういう方が、最後の頼みの綱として、私の元へ訪れてこられます。お客様のお気持ちを汲めば汲むほど、頑張っていらっしゃるお客様がどうしてこのような不遇な目にあわなくてはならないのか、やるせない思いでいっぱいになります。だからせめて、私が占いの力でどうにかできないものか考えてしまいます。私がここで踏ん張らなければ、命が失われるかもしれない。そんな緊張感の中で鑑定をさせていただいています。

場所／宮崎市柳丸町153番地1　パティオ柳丸A棟2-1　**鑑定の申込方法**／電話もしくはサイト内の予約フォームから予約してください
電話／0985-89-4355　**WEB**／https://aoiro-teien.com/

085

宮崎県

落合美恵《おちあい・みえ》

京都老舗の着物卸商社から始まり、その後高校、大学など教育に関わる仕事などに就いた後、陰陽五行の世界へ入り20年。四柱推命・易・風水・観相学（面相）を得意とする中で、現在は日々の鑑定業務のかたわら陰陽五術（命・卜・相・医・山）の深い世界に惹かれ、さらに「智慧」を深めるために大学で勉強中。宮崎在住ながら全国各地から鑑定依頼を受け出張鑑定にも勤しみ、職業では会社経営者、政治家、医者や弁護士、お忍びの占い師など、多岐に渡る方々の鑑定を年間1500件以上受けている。

【主な占術】四柱推命・易・風水・観相学（面相）

—先生の得意な占術はなんですか？

四柱推命です。陰陽五術（命学・易・相学・医学・仙学）はどの術で見ても結果は同じですが、どの術も奥が深いため生半可な知識ではできません。きちんと勉強をしなければ使えこなせないのです。その中でも人生の悩みを解決してくれる四柱推命を、この世界に入ってからずっと勉強し続けており、今でも日々知識を深めています。

—鑑定で特に心がけていること・気をつけていることはなんですか？

今、生きているのは「あの世」の世界でなく「この世」。今の生活や暮らし＝リアルな世界に価値を置き、それを主軸として鑑定をしております。生きている世界での悩みは現実的に解決をしていかなければ、解決できませんので論理的思考が大切になります。四柱推命は学問ですのでエビデンスが必要だと思っております。私の言葉がご依頼者さまに影響を与えることが分かっているので、この世の常識は大切にして現実的に問題を解決し、笑顔で帰って頂くことを心がけております。不安な気持ちにさせるようなことは絶対に致しません。

そして、最後に決めるのはご依頼者さまご自身ですから、占い依存者を作らないように、私を盲信、狂信させるようなことにならないよう、気を付けています。

—鑑定現場のプロとして、初めて鑑定で相談をしようとしている方へのアドバイスをお願いします。

鑑定には必ず時間の制約があります。多くの方が「私ってどんな人ですか？自分が分かりません」と言われますが、実は「私ってどんな人ですか？」という問いが一番の愚問です。もったいないです。時間の制約がある場合は悩み事を明確にされると良いと思います。例えば「私は〇〇についてこう考えてしまいますが、私はそんな人ですか？それで大丈夫でしょうか？」など具体的にご質問されるとより明確に占断してもらえると思います。

また、占者（占い師）の言葉を反芻することも大切です。何故こんなことを言われたのか？何故？という部分もなければ盲信・狂信となり常識的な知識や判断力が低下します。あくまでもアドバイスであり、人生の主役は自分ですのでそれも忘れないでください。占い師が絶対ではありません。

—今まで、鑑定で体験した不思議なこと、感動したことはありますか？

四柱推命は人生のタイミングをお知らせすることです。感動が多いのは、妊娠しにくい方がその時のタイミングをお知らせするとちゃんと赤ちゃんを授かることですね。人智の及ばぬ部分は語りませんが、生命の誕生は嬉しいものですね。何より鑑定にいらして下さる皆様とのご縁自体が不思議なことであり、人の縁の素晴らしさに日々感動しています。

場所／宮崎市鶴島　**鑑定の申込方法**／HP、メール、電話、LINE（電話番号で検索できます）
電話／080-1710-5519　**メール**／o.mie@vega.ocn.ne.jp　**LINE ID**／ochiaimie　**WEB**／開運専門推命処（salon-kuukai.com）

086

宮崎県

愛宕麗玉
あたご・れいぎょく

電話占いニーケ所属の魂の炎を操る霊導師。心の滞りや霊的な障りの解消、人間関係の負の要素やわだかまりを溶かすのが得意。いわゆる霊力付き魚眼レンズのような特殊な眼で、超広角に過去・現在・未来を認識。直線的・横断的に見通して、必要な箇所に魂の浄化を促します。炎の穂のゆらめきによって波動の乱れを落ち着かせ、上昇気流を生じさせて全体をバランス良く調整し願望成就へと導きます。

【主な占術】霊視・霊聴・透視・波動修正・思念伝達・意念同調・引き寄せ・縁結び・復縁成就・祈願／祈念・チャネリング・遠隔ヒーリング

—先生の得意な占術はなんですか?

得意な占術は霊聴・霊視、波動修正です。まず、人の気持ちを表す「声のようなもの」を言の葉の行間から聴きとります。お客さまをはじめ、気になる方の気持ちが電話口から漏れ伝わってきたり、対話から聴こえてきたりします。実際の台詞というよりも心の声なので、私が触媒となり再度言葉に変換してお伝えします。霊視については、生まれ持った固有の魚眼レンズ仕様の眼球によって、広域から現状を視認することはもちろん、過去・現在・未来を直線的に見通します。また、時系列を統合することで、波動の乱れや滞りのおおもとを探り当てて調整していきます。身に宿る炎のイメージセンサーを作動させ、高次元からのサポートを得て、浄化や波動修正をします。

—鑑定で特に心がけていること・気をつけていることはなんですか?

鑑定の中で、占いの結果については私見を交えずにお伝えします。自らの体験談を元に、あるいは自分自身を例に引いた話しをすることもめったにありません。お話しすることは、すべて占いに基づいています。だからと言って、占いの結果がすべてに優先するとか、人生を支配するとは考えていません。大いなるものとの繋がりを大切にしていますが、人間として生きていくことの方を優先しています。カタチある時間は限りあるものですから、この世の中で人間としていかに生きるかの体験を楽しむお手伝いをさせていただきます。

—今まで、鑑定で体験した不思議なこと、感動したことはありますか?

鑑定で不思議に感じることは、まさにホラリーと思うくらい、なぜか同じ時間帯に次々と似たカテゴリーでお悩みのお客さまから電話をいただくことです。また、昼間見たり聞いたりしたことが、図らずもその夜の鑑定にすぐに役立つ情報源となったりすることは、なんとも不思議で面白いですね。感動したことは、時間をかけて応援してきたお客さまが復縁や結婚を決めて、レビューではなく、わざわざお金を払って電話でご報告くださること。占い師としてとても嬉しく、感動する瞬間のひとつです。

—一言でいって、先生にとって「占い」とはどのようなものですか?

私にとって「占い」とは、自他の心を開くコミュニケーションツールです。世の中を定点観測するための窓のような役割を果たしてくれたりもします。生業として一日の大部分を費やしていますが、いまだに興味がつきることはありません。日々の電話占いという実践が主な活動ではありますが、学び・研究する姿勢を常に忘れず、時代に合った鑑定スタイルを追求しながら、より良い変化を遂げていきたいです。「占い」は、いにしえからの祈りに通じるもの。それによって人は癒やされ、人生の多種多様な豊かさを享受できると信じています。占い師として、お客さまと一緒に夢を叶えたり、奇跡を起こしたりする喜びをこれからも味わっていきたいと思っております。

場所／電話占いニーケ　**鑑定の申込方法**／WEBサイトよりお願い致します
WEB／https://niikee.jp/fortuneteller/n505038/

佐賀県

087

ヨーコ

2008年から佐賀県鳥栖市を中心に占い師として活動を開始。その後㈱ボイジャータロットジャパン公認プラクティショナー（レベル1）を取得。個人セッションの他に、占星術の入門編となるオリジナル講座「星の学校」を開催。2013年からは雑誌の占いコーナーの執筆も担当している。熱い語り口が特徴と言われるため、自らを「炎のトレジャーハンター」と称している。

【主な占術】タロット・西洋占星術

—先生の占い師への経緯（占いとの出会い）をお聞かせください。

20年近く会社員として働いていましたが、体調不良を理由に2008年に退職しました。その後ふと「私は何をしたいんだろう？」と思った時に、偶然開催されていた占いイベントに行ってみました。そこでタロットカードの世界に魅了され、自らも勉強してみようと思ったのがこの世界に入ったきっかけです。

—先生の得意な占術はなんですか？

タロットカードと生年月日を用いたセッションです。以前読んだ本の言葉に「タロットは心を映す鏡」と書いてあり、とても共感しました。タロットカードはお客様の心の声を聞く手がかりになります。生年月日（出生ホロスコープ）からも、その方の生まれ持った魅力が分かりますので、併せて詳しくお伝えしています。「あなたのお宝を探します」という意味から「トレジャーハントセッション」というメニュー名にしており、大変ご好評いただいております。

—鑑定で特に心がけていること・気をつけていることはなんですか？

「決めつけた言い方」にならないよう気をつけています。占い師のイメージをいろんな方にお聞きすると、「未来を予言する」という風に思われている方がとても多いです。私はタロットカードを用いてはいますが、未来を予言するためには使っていません。悩みに対しての答えは、本当は自分の中にあると思っています。なので、その方の心の声（潜在意識）をお伝えすることを心がけたいと思っていますし、それが決めつけた言い方にならないようにもしたいと思っています。

—鑑定現場のプロとして、初めて鑑定で相談をしようとしている方へのアドバイスをお願いします。

「どうなりたいのか」を具体的にイメージして質問されるとよいかと思います。例えば「結婚できますか」という質問だと「できる」「できない」しか答えが生まれません。まるで自分の運命を占い師にまるごと預けてしまっているようなものです。それよりも、「自分にとって最適なパートナーに出会うには今何をすることが必要か？」という風に質問すると、より具体的なアドバイスが得られると思います。「どうなるのか」を占い師に委ねるのではなく、相談する側が「どうなりたいのか」が重要だと思っています。

—一言でいって、先生にとって「占い」とはどのようなものですか？

自分との対話の時間だと思います。占い師は仲介者であり、主役は相談する方ご自身です。私が行なっていることは、ご相談者が自身の内面と対話をするためのお手伝いだと思っています。ご自分との対話をすることで、「これからどうなりたいのか」が見えてくるでしょうし、それを具現化するために占いという方法を用いてもらえたらよいのではないかと思います。占いは、ご自身にとってよりよい未来へ向かうための最適な「羅針盤」です。

場所／鳥栖市西新町1428-49　**鑑定の申込方法**／ホームページよりお願いします
メール／chicchi2010@yahoo.co.jp　**WEB**／https://r.goope.jp/kuturobi

088

広島県

文殊坊《もんじゅぼう》

真言宗寺院の住職を本業としながら、檀信徒様のために占いにも力を入れています。占いの結果によっては、解決のためのご祈祷・ヒーリングも実施しています。

【主な占術】紫微斗数・タロット・気学・空亡占い・梅花心易・姓名判断・方位術各種

―先生の占い師への経緯（占いとの出会い）をお聞かせください。

先代住職は全く占いのことは学んでいませんでした。（普通、お坊さんは占いのことを勉強しません）ところが、檀信徒さんからは時々「引っ越し」「新築・改築」などに関して相談があります。そのことごとくを「わかりません」とお断りしていた先代の姿を見ていたものですから、占いの技術はある程度必要だと思っていました。そこへたまたま優秀な占い師さんとの出会いがあり、この世界に入りました。

―先生の得意な占術はなんですか？

気学（傾斜法）と空亡占いは、ほとんどの鑑定の場合使います。紫微斗数も長年勉強していますが、西洋占星術と同様に生まれた時刻が必要です。生まれた時刻がわからなくても、命盤、ホロスコープを見ていく方法はありますが、はじめから傾斜法・空亡占いなど生年月日だけで鑑定できる方法を使うことが多く、短時間で鑑定内容をお伝えすることができます。また、梅花心易（観梅占）も短時間で問題点を教えてくれる秀逸な占いです。同時刻に複数の質問がどんどん出てくる場合には、タロットカードを使います。

―鑑定で特に心がけていること・気をつけていることはなんですか？

鑑定に来られる方、ご相談のある方というのは、お困りな場合が多いですから、運気を見ますと悪い状態の場合が多いです。占いの範疇でも、解決方法はありますが、なかなか十分とは言えません。私の寺院では気功教室をしておりまして、身体を動かすことで、問題解決を考えています。心の問題は、気功で解決できることが多いです。さらに、気功教室へ来ることができない方、かなり困難な問題をかかえておられる方のために、祈祷やヒーリングもお勧めすることがあります。占いから始まり、完全解決へ至るまで、なるべく多くの選択肢を用意するように心がけています。

―鑑定現場のプロとして、初めて鑑定で相談をしようとしている方へのアドバイスをお願いします。

ご本人が、どうなりたいのか、希望の道筋を持った上で鑑定に来られるのが望ましいです。困った状況にとどまっていると、困ったことしか引き寄せません。鑑定料の無駄遣いになりかねません。どうなりたいのか、どうしたいのか、どんな人生を送りたいのかを明確に持てない方には、アドバイスをしながら、よい方向へ導くようにはしています。しかし、ご本人がしっかりと目標を定めているほど強いことはありません。

―今まで、鑑定で体験した不思議なこと、感動したことはありますか？

先に書いた関連事項となりますが、困ったこと、困った状況を延々と喋られるのは、鑑定が前進しません。聞いてあげるというのも私どもの仕事だとは思いますが、解決に至らないのではやはり鑑定料の無駄遣いになると思います。

―一言でいって、先生にとって「占い」とはどのようなものですか？

相談者の「人生まるごと」が幸せになること、その一点を目指しています。

場所／福山市瀬戸町長和甲1681　**鑑定の申込方法**／メール予約または電話予約
電話／090-8244-4037　**メール**／kujakumandara@icloud.com

089

広島県

大谷蓮香（蓮姫）

おおたに・れんか

（株）フォルディア代表取締役・占いサロン主催。鑑定人数1万人以上。四柱推命、易、イーチンタロット、九星気学、オラクルカードなどを得意とする。大手電話サイトにて人気を博し、多くのサイトより数々のスカウトを受ける。現在も大手電話占いサイトにて活躍中。占い鑑定業務の他に講師業、コンサル、エージェント業、アプリ監修、コラム執筆など活動は多岐に亘ります。

【主な占術】四柱推命・九星気学・インスピレーション・イーチンタロット

―先生の占い師への経緯（占いとの出会い）をお聞かせください。

幼少期より不思議な体験を数々経験し育ちました。その後成長するにつれスピリチュアル能力が開花し、この見えない世界の不思議さをどうしたら形として理解できるのだろうと考えるうちに占いに辿り着きました。様々な占術を取得し周囲の人達のお悩みに向き合ううちに、占い師として本格的に生きていこうと決意しました。

―先生の得意な占術はなんですか？

四柱推命です。四柱推命は生年月日と4つの柱に配し占う占術ですが、宿命、運命、相性、バイオリズム、その人の性格や資質などがわかります。ちなみに私は、四柱推命をマニュアル的ではなく霊感で視て答えを出しますので精度が高いのが特徴です。全体的な占いのベースとしては易の考え方を大切にしています。陰陽五行に基づく易の思想はとても理に叶っていて、どのようなお悩みにも対応できるのです。

―鑑定で特に心がけていること・気をつけていることはなんですか？

適確、否定しない、依存させない鑑定を心がけています。当たるということは基本ですが、逆にいうと当たれば良いというわけでもありません。鑑定には話を聞いてほしい、自分の状況を分かってほしい、共感してほしい、癒してほしいという方々が多く来られます。誰にも言えず一人で悩み、孤独を感じておられる人も少なくありません。ですから、話やすい雰囲気作りを心がけ、占いをベースにしたカウンセリング的要素も強化しています。

―鑑定現場のプロとして、初めて鑑定で相談をしようとしている方へのアドバイスをお願いします。

心を開いて自分の本音を話すことをおすすめします。当たり障りのない聞き方をされると、どうしても鑑定結果が浅くなってしまいます。また、心を開いてくださらないとブロックがかかり視えにくくなります。あらかじめ相談内容を紙に書いて鑑定に臨まれたり、「付き合って3年の彼と結婚したがいつが良いか？」「A社とB社どちらが自分に合うか？」など具体的に質問をすると良いですね。

―今まで、鑑定で体験した不思議なこと、感動したことはありますか？

不思議なことでいえば、私と合わないお客様の場合、なぜか鑑定サロンにスムーズに辿り着けない方が多いです。電話が繋がらない、ナビがどうしても違った場所に案内するなど……感動したことは、不倫で長く悩み苦しんでいた方や報われない恋愛を続けていた方が、当サロンに数年に渡り通われた後に幸せな結婚をして無事に出産されたことでしょうか。

―一言でいって、先生にとって「占い」とはどのようなものですか？

「人生における指針」でしょうか。当たるも八卦、当たらぬも八卦、占いが全てではありません。ですが、占いは迷った時に間違いなく光を示してくれる素晴らしいツールです。また、私にとっては仕事という人生においてかけがえのない存在です。

場所／広島県呉市呉駅より徒歩10分　**鑑定の申込方法**／https://home.tsuku2.jp/storeDetail.php?scd=0000197966

090

広島県

濱田奈美

はまだ・なみ

エンパス気質で、人の感情を読み取ったり、人のエネルギーを視たり、予知夢を見たりしていました。【掴運術】とは、私の持って生まれた力と、統計学を組み合わせることで、的中率を最大限に上げる、オリジナルの“運を掴む占術”です。私のミッションは「個性という光を灯し、孤独をなくし、未来を夢見る世の中に貢献すること」。「私だから出来る」こと、ありのままのあなたを生かす運の掴み方をお伝えします。

【主な占術】スピリチュアルリーディング・掴運Ⓡ術

―先生の占い師への経緯（占いとの出会い）をお聞かせください。

人の感情が入ってきたり、予知をするような繊細な幼少期を過ごしました。いわゆる、エンパス・HSP気質です。

精神科の病院で作業療法士をしていましたが、18歳の頃にユタの師匠から「占い師になりなさい」とお告げを受けて電話鑑定を始めました。

お陰様でリピーターに恵まれてベスト3となり、先が見えない方の希望となることが私の使命だと悟りました。

―先生の得意な占術はなんですか？

唯一無二のオリジナルの掴運R術を使います。もともと持っている直観力と、学んできた統計学をMIXしたオリジナル占術です。

大手電話占い、対面鑑定でも多くの相談を受けてきましたが、どのような相談内容でも人生のタイミングについて考えることが多かったのです。その人の的確なタイミングで運を掴み、行動力を増すアドバイスをすることが目的です。

―鑑定で特に心がけていること・気をつけていることはなんですか？

私は、お客様のガイド役や道標の存在であると思っています。人生や出会いの意味を伝え、選択のガイドをする感じです。辛くても、ご自分の足で立って歩いていかなくてはいけません。その歩み出す勇気や希望を差し出せる鑑定を心掛けています。生きるのが辛い方に、希望の光を灯せるような存在でありたいと思っています。

―鑑定現場のプロとして、初めて鑑定で相談をしようとしている方へのアドバイスをお願いします。

30分悩んで解決できないことは自分では解決できません！（笑）占いのメリットは、身近の人には話せない内容が話せること。迷っているなら、まずは相談してみたらいいと思います。あなたの進むべき道のヒントをくれるかもしれません。一人で悩んで苦しい時は、辛く苦しい思いをぶつけて下さい！

―今まで、鑑定で体験した不思議なこと、感動したことはありますか？

エネルギーの高い方は、オーラが眩しいです。また、守護霊様の力が強い方は、メッセージがダイレクトに降りて来過ぎてしまうこともあります。あと、私はヒーリングの力があると、ユタの師匠から言われていたので、話すと心が穏やかになった、よく眠れたというご相談や、先生に電話したあと、彼から連絡がきた！などのお声も多々あります。

―一言でいって、先生にとって「占い」とはどのようなものですか？

本来占いは、政治や国の行く末、作物の収穫など大事なときに使われてきました。私自身が、寝たきりになったとき「自分とは？」と自分を見つめるときに、私を救ってくれたのも占いでした。孤独な方が増え、年間約2万人が命を絶っています。占いは、明日への希望を差し出せると思っています。心が苦しいときに誰かを支えることができるのも占いではないかと思います。

場所／オンラインのみ　**鑑定の申込方法**／HPより（濱田奈美で検索してください）
電話／090-1350-5975　**WEB**／https://belleline.net/

091

岡山県

LUMIKO

るみこ

カバラ数秘鑑定士・心理占星術師・前世療法士。ご家族全員を生年月日から読み解くカバラ数秘鑑定では、その的中率に「怖いほど当たる」と好評を得ている。日本全国・海外からも鑑定のご依頼があり、老若男女、子育て中のお母さんから様々な職種、経営者に至るまで、幅広い層に鑑定を行っている。アロマ・カラー・ヒプノ・アートなど、様々なセラピーを取り入れて、多角的なセッションをホームサロンとオンラインZOOMにて行っている。

【主な占術】カバラ数秘術・心理占星術・手相・姓名判断・タロット・オラクル・ルノルマンカード

—先生の占い師への経緯（占いとの出会い）をお聞かせください。

幼少期から神聖なものに対する興味が深く、密かに占い師に憧れを持っていました。21歳の時にOLになったものの、2年で退社。すぐにアロマテラピーに出会って資格を取り、アロマサロンをスタートさせました。そして同時期に結婚、子育てをしていた時にゾロ目や並びの数字を何度も目にするように。「何かメッセージがあるのでは」と思うようになった時、数秘術とエンジェルオラクルカードに出会いました。

—先生の得意な占術はなんですか？

カバラ数秘鑑定です。芸能人や著名人の数秘鑑定を自身のアメブロ上で公開し、反響を得ています。また幼稚園・小学校のPTA向けに、子育てとパートナーシップに使える数秘術講座を開催。五感と第六感に加え、カウンセリングやセラピーも取り入れています。そのほか数秘術のプロ養成講座、YOUTUBEでの占い対談なども行っています。

—鑑定で特に心がけていること・気をつけていることはなんですか？

決めつけない、ということを念頭に、対話を重要視した、寄り添う鑑定を心がけています。終わった後に「楽しかった」「すっきりした」「腑に落ちた」「未来が明るく前向きになれた」というお言葉をいただけるような鑑定ができるよう、様々な角度から物事を見つめるべく、良質な情報の収集や、知識の吸収、技術の向上を図っています。

—鑑定現場のプロとして、初めて鑑定で相談をしようとしている方へのアドバイスをお願いします。

初めての方は、ご予約を入れるまでとても勇気がいると思います。そういった時にはぜひ、私のブログやHPをご覧ください。ご体験者の貴重なご感想が、背中を後押しして下さると思います。また、ブログやFacebook、YOUTUBEチャンネルをご覧いただき、ピンと来られましたらSNSで繋がってください。もしわからないことや、不安なことがございましたら、お気軽にお問い合わせください。

—今まで、鑑定で体験した不思議なこと、感動したことはありますか？

鑑定や講座、コンサルをさせていただいた後に、「あの時、LUMIKOさんに出会えて自分や周りの家族のことがよくわかるようになり、子育てが楽になりました」というお言葉をたくさんかけていただく度に、心から嬉しく思います。お客様が鑑定を受けられる前と後とでは、お顔の表情が違い、肩の荷が下りたように軽くなられているお姿に喜びを感じます。

—一言でいって、先生にとって「占い」とはどのようなものですか？

自分の強みや弱点、可能性を知り、コミュニケーションを円滑に、人生をより豊かで幸せに生きるためのヒントを得られるツールです。占いは、想像を膨らませたり、心を整理したり、新しい視点を見せてくれたり、未来を明るく照らしてくれたりします。混沌とした迷いや不安の迷宮にはまってしまった時は、暗闇の中に、一筋の光をもたらしてくれるものです。

場所／倉敷市、オンラインZOOM　**鑑定の申込方法**／https://angelaluce.stores.jp/、http://ws.formzu.net/fgen/S16195076/

092

山口県

加勢本明華
かせもと・みょうか

鑑定数推定延べ7万人。これまで対面鑑定、インターネットでの鑑定、イベント、原稿執筆、占い講師、テレビ・ラジオ出演など、様々な分野で活動を続けてきました。常にお客様のお気持ちに寄り添い親身になって相談することを心がけています。東洋易学学会　易学教授。レイキティチャー。Yahoo! 占いコンテンツ、LINE占い「下関港町の母」

【主な占術】タロット・気学・四柱推命・周易・手相・宿用占星術など

—先生の占い師への経緯（占いとの出会い）をお聞かせください。

ある日、仕事で体調を崩し、某占い師さんのところに行きました。鑑定終了後に、何気なく私が占いに興味を持っていることを伝えたら、その占い師さんから「うちでお勉強するように」と導かれ、勉強を始めることになりました。

—先生の得意な占術はなんですか？

総合的に鑑定していますが、特に使用頻度が高いのはタロットです。ご相談内容も恋愛相談が最も多く、中でも相手の気持ちを知りたいという方が多数見られ、これまで様々な地域、様々な年代層を鑑定させていただきました。

—鑑定で特に心がけていること・気をつけていることはなんですか？

占い師の言葉は、お客様に大きな影響を与えると思っています。こちらの発言で一喜一憂されるため、言葉選びには十分気を付けています。鑑定結果はあくまでも方向性であることや、心がけや行動次第では、大きく結果が変わってくること。その上で開運法や改善法をお伝えし、ご本人が希望を見出せるよう、できるだけ明るい未来にお導きできるよう心がけています。

—鑑定現場のプロとして、初めて鑑定で相談をしようとしている方へのアドバイスをお願いします。

初めて鑑定を受ける方は、まずは正確なデータが必要になります。ご本名と、戸籍ではなく本当に生まれた生年月日をお伝えください。次に、ご相談内容を明確にしてお知らせください。しかし初めての方、特に恋愛の場合、ご自分が何を望まれるのかわからないというケースもありますので、その際にはこちらから質問形式で要点を導き出しています。基本的には、初めての方も安心して来られて良いと思います。

—今まで、鑑定で体験した不思議なこと、感動したことはありますか？

鑑定で体験した不思議なことは、数えきれないくらいたくさんあります。生年月日の神秘と言いますか、全く同じ生年月日の人を何組か鑑定しましたが、驚くほど状況や仕事の立場、相続などが酷似していました。また、10歳違いですが、お誕生日と名前（同姓同名）が偶然にも同じ人も鑑定したこともあります。やはり性格やたどっていく運命が酷似していて、統計学の力は凄いなと感じたこともあります。

—一言でいって、先生にとって「占い」とはどのようなものですか？

占いとは、生きていく道しるべであり、転ばぬ先の杖でもあると思います。何か問題が起きた時や、人生の岐路に立った時、自分が出そうとしている結果が果たして正しい道であるのか、誰もが悩むところだと思います。そのような時、占いが、その方向性や解決法を示してくれます。人間の思考（顕在意識）は限られており、先を予測することはできませんが、占いは、天もしくは宇宙の気の力を借りてその人の潜在意識から答えを導き出してくれるのでは無いかと思います。占いは、本当に目に見えない不思議なもので、人間の人智を超えたものだと思っています。

場所／下関市東大和町1丁目　**鑑定の申込方法**／電話、メール、LINE、メッセンジャーなどどのような形でもお受けしています。
電話／090-5695-9636　**メール**／kantei@myoka-room.com　**LINE**／k asemoto　**WEB**／明華の部屋（myoka-room.com）

093

愛媛県

矢野真弓（LEO）

やの・まゆみ

西洋占星術（古典占星術）、ライダーウエイトデッキを用いたタロットリーディングでプロ鑑定暦18年。鑑定数5万ケース、受講生500名超。原宿にて占い館の運営（オーナー）経験有。書籍出版。民放放送のラジオ番組でメインパーソナリティを約5年務める。大手占いサイト所属、また監修にかかわる。真言宗御室派の出家で法名（ほうみょう）は　矢野真弘（やのしんこう）。

【主な占術】クラシカルアストロジー（古典占星術）・ライダータロット・易・四柱推命

—先生の占い師への経緯（占いとの出会い）をお聞かせください。

「人生の苦しみの連続にもし法則があるのなら、解決の方法や運気を読み取ることもできるのでは？」と興味があった占いを学んでいくうちに、いつしかそれが仕事となりました。まずはお店に間借りをして始めたのですが、あっという間に口コミで評判が広がり、行列ができ、サロンを持ちました。最初から占い師を目指していたわけではなかったので、身をもって人生の不思議さを感じています。

—先生の得意な占術はなんですか？

占いを始めた頃は、自分の直感のみの「ひらめき」を生かしたリーディングでした。しかし、答えを導き出すのにその日の体調やテンションに左右されがちなことに気がつき、ライダータロットを使い始めました。その後、イギリス人のジョンヘイズ氏に古典占星術を学ぶきっかけを得て、ホロスコープリーディングのとりこになり、現在に至っています。人として生きていくこと、その人その人の人生があるということをお伝えするためにも、いくつかの占術を併用しています。

—鑑定で特に心がけていること・気をつけていることはなんですか？

まずは「先入観」で話を聞かない、自分の経験談を話題としてお話しすることはあったとしても、占断に人生経験談を用いないよう心がけています。どんな方でも話しやすく、相手さまに分かりやすいお伝え方法を意識し、恐ろしい未来を暗示させる脅しのようにならぬよう、また期待を抱かせ過ぎないことも大事です。「現実味のある」占断を、常に心がけています。

—鑑定現場のプロとして、初めて鑑定で相談をしようとしている方へのアドバイスをお願いします。

相談に来られる時になるべく多くの情報をお伝えいただく、ということをお願いしています。「金運」「恋愛運」などを教えて欲しい、と抽象的に言われても、今がどうで、どうなりたいのかがわからないと答えに困ることが多いです。気軽にお話ししながら、また差し支えない程度で成育歴や家族関係もお話しいただければ、よりよい鑑定ができると思います。

—今まで、鑑定で体験した不思議なこと、感動したことはありますか？

既にプロとなって15年も経っておりますので、お名前を付けさせていただいた子どもさんが大きく成長されて訪ねていただける時には、無事息災に成長されていることと共に、時間の流れの速さに感動します。また、法人様の契約が多く、リーマンショックやコロナ禍を越え、飛躍されていることにお役に立てている実感があります。

—一言でいって、先生にとって「占い」とはどのようなものですか？

占いには様々な占術がありますが、私が選んだ占術は結局、自分との相性が良かったのだと思います。人生は長い旅です。その旅を櫓もなく漕ぎ出すのか、羅針盤も持たないのか、それとも自分自身がよい「船頭」になるかで全く変化していきます。占いを通して、そのことを自分の人生で体感しています。

場所／松山市高岡町　**鑑定の申込方法**／電話または公式LINE
電話／089-993-7770　**LINE**／https://lin.ee/jBQlsn1

愛媛県

amo／有央

あも／あおう

豊富な占術の種類とスキルで、的確なアドバイスを行ってくれると、多くの人に信頼されている占い師。「魂レベルのスピリチュアルカウンセラー」の異名も持ち、『占い＆カウンセリング』のみならず、相談者が心の奥底に抱えている根深い問題まで解決に導くサイコセラピスト的な活動も行っている他、趣味からプロを目指す方まで、占星術・タロット・風水など各種占術や心と身体の調整法、潜在意識、オーラなどの講座も開催・指導し、後進の育成にも力を注いでいる。

【主な占術】西洋占星術・水晶タロット・インド占星術・奇門遁甲・風水・四柱推命・ゼロ学・ヒプノセラピー（退行催眠療法・現代催眠療法）

—先生の占い師への経緯（占いとの出会い）をお聞かせください。

幼い頃から不思議なこと、自然、占いが大好きでした。一方で、学生の頃から人に相談されることが多く、人の本音を自然と引き出す力と安心感も備わりました。占術と心理学、そして魂の成長に関して学び、ヒプノセラピーにも携わることに。相談者さんが本来の自分の姿を取り戻す、それが嬉しく、占いと心理が合わさって、自然と現在の形になりました。

—先生の得意な占術はなんですか？

西洋占星術、水晶タロット、インド占星術に加え、人の力だけでなく自然や大地や方位のパワーを活用するために、奇門遁甲や風水も用います。また、相談者さん自身がご自身の力に気づいていない、ご自身でブロックしている場合もありますから、「占い」だけでなく「カウンセリング」や「ヒプノセラピー」の手法も交え、心因的な深い部分からの問題解決や才能開花や気づきにつなげます。

—鑑定で特に心がけていること・気をつけていることはなんですか？

「今も幸せ。そして今よりもっと幸せになる」が私のテーマです。相談者さんが本来のご自身の才能や力を今よりもっと発揮できるようになる、そのちょっとしたコツをわかりやすくお伝えしたいと思っています。今の相談者さんに必要なものをお届けできるよう、心に寄り添い、魂に優しい占い＆カウンセリングを心がけています。

—鑑定現場のプロとして、初めて鑑定で相談をしようとしている方へのアドバイスをお願いします。

リラックスして、素直に今の状態や考えていることをお話しいただくのが一番です。占いは盲信するものでも、頼るものでもないと思います。何かに頼ると、ご本人の判断力や自分で前進する力が弱まるからです。「占いなんか信じない」という方も、確認や後押し、自分への深い理解、新たな気づきのきっかけなどに使えば、これほど強力な助っ人はいないと思います。確認することで安心感も生まれますしね。

—今まで、鑑定で体験した不思議なこと、感動したことはありますか？

セッションを受けた方のお顔が、最初来られた時と終わった時で全く違うのです。晴れやかになったり、穏やかになったり、お肌のツヤもでたり。魂のエネルギーも元気いっぱいになられるところを拝見すると本当に嬉しいです。人は本来の自分に戻ると、こんなにもパワフルなのだと毎回思わされます。人間が持っている力は偉大ですね。

—一言でいって、先生にとって「占い」とはどのようなものですか？

人生の羅針盤と言ってもよいのではないでしょうか。人生をよりよく楽しく幸せに生きていくための、とても役に立つ道具の一つだと思います。暗闇の中の灯台の役目、成功への道筋を照らす、時には奇跡のようなことを起こすきっかけ、また具体的なアドバイスや考え方、物事への関わり方の改善方法を導いてくれることも。自分の世界や視野、価値観や可能性を広げてくれるものだと思います。

場所／「ヴェル・ブレッザ」松山市中一万町7-3　**鑑定の申込方法**／電話・メール
電話／089-947-4557／090-2898-1689　**メール**／amoaou@vertebrezza.com　**WEB**／https://www.vertebrezza.com/

095

香川県

三輪麻乃
みわ・まの

10代の頃より様々な占術を独学。その後恩師に出会い、気学・四柱推命の師範となる。また、大学・服飾メーカー・自己啓発プログラム会社等を経て2000年より塾を開講。その後2007年にスペースリーラを立ち上げ、香川高松からスピリチュアルな活動を発信している。ライフワークとして、天河神社でいただいた「艮の金神」の御縁で、日本の古神道や太古の文明、日本国の成り立ちの意味などを探求している。2021年「すいすい解る四柱推命の理　基礎篇」出版。

【主な占術】四柱推命・周易・気学・数秘術・宿曜占星術

TAROT FORTUNE SIGN ASTROLOGY

―先生の占い師への経緯（占いとの出会い）をお聞かせください。

10代の頃から手に入る本で、西洋占星術・姓名判断・人相・手相・四柱推命・気学・夢占い・数秘術・ジプシー占い・ルナアストロジー・ルーン占い・マヤ占い・宿曜占星術・タロット等、いろいろな占術を独学しました。後に気学・四柱推命の恩師と出会い本格的な手ほどきを受けて占いの奥深さに触れてさらに面白くなり、研鑽を重ね今に至ります。

―先生の得意な占術はなんですか？

東洋占術です。特に四柱推命の的確さは群を抜くものですし、周易はシンプルなだけに幅広く自在に応用ができます。たとえば恋愛結婚ですと、相性については命占といわれる四柱推命で生来の根本的なものを観て、卜占といわれる周易で今現在の状況や気持ちやこれからの進展等を観ていくと、全体がよくみえます。また、特に思い悩んで疲れている方にはオーラの状態などをみて波動修正をいたします。私がみる層はアストラル体といわれている主に感情の層ですが、深く悩んでいる方は淀んでいることが多いのできれいに流します。これは電話鑑定でも対面でも関係なくでき、効果を実感していただける方も多いです。

―鑑定で特に心がけていること・気をつけていることはなんですか？

運命は自分の望んでいる方向に進むので、相談者様の気持ちが安定し元気になられるように一番心がけています。

―鑑定現場のプロとして、初めて鑑定で相談をしようとしている方へのアドバイスをお願いします。

相談者と鑑定者との相性は大事です。その上で、話せる範囲でいいので心を開いて気持ちや状況をお話しいただくと、鑑定も深くなります。また、このようにしたいという気持ちがはっきりしていると、どのようにすればいいという方向性もはっきり出てきて占断の精度が増します。

―今まで、鑑定で体験した不思議なこと、感動したことはありますか？

人間関係に悩んでおられる方にお相手の考え方や感じ方をお伝えすると、見違えるように良くなったということはよくあります。また、ヒーリングや波動修正をすることで体が軽くなり、気持ちが前向きになったと言われる方も多いです。印象的なのは、遠隔で波動修正をしていた時に、希望を邪魔している古い観念がズタボロのマントに象徴されて見えたので、脱がそうとしたら電話の向こうで悲鳴が上がり「いたた、いたた！　先生何するんですか！」と言われたこと。どんな時にでも必ず相談者様のご意向を聞きますが、この時はうっかり許可を得ていなかったため、見えた状況を説明して納得していただき、改めてマントを脱いでもらいました。これは、エネルギーに時空間は関係ないということがはっきり分かった事例でした。

―一言でいって、先生にとって「占い」とはどのようなものですか？

人が生まれてきた青写真のなぞ解きをするもの。信じるものではなく利用するもの。

場所／高松市内（電話鑑定も承ります）　**鑑定の申込方法**／直接電話またはHPから
電話／090-3783-8357　**WEB**／https://www.space-lila.com/

096

徳島県

高橋あゆみ

たかはし・あゆみ

幼少期より目には見えない世界との繋がりを当たり前のように感じ、長年にわたりヒーリング、タロット、カラー数秘、潜在意識、チャネリング、スピリチュアル手法など多くを学ぶ。スピリチュアルタロットを使った鑑定でメンタル面をサポートしつつ、頭の先から足先まで様々な施術ケアができる、隠れ家のような完全個室サロン・リラクゼーションルームAroonを運営。

【主な占術】タロット・チャネリング・カラー数秘・ペンデュラム・メンタルブロック解除など

―先生の占い師への経緯（占いとの出会い）をお聞かせください。

ひょんなことから出会った方からタロットを教えていただけることになり、運営しているサロンでお客様に体験していただいたところ、当たるから占いをメニューとしてほしいというご要望を頂き、そこから本格的に占い師として活動を始め、知識を深めていきました。元々占いを信じていなかった側の私が、まさか占い師となるなんて思ってもみなかったことですが、今では占いは人生の大切な一部となっています。

―先生の得意な占術はなんですか？

タロットとチャネリングを融合させた、スピリチュアルタロットが得意です。タロットカードの結果だけではなく、その時に降りてくるメッセージなどをお伝えすることで、より深い悩みの根源に辿りつけたり、お客様がうまく伝えきれない事柄についても解決の糸口を見つけていくことができたりします。ときにお客様が涙し、言葉に詰まってしまったときにも、カードの解釈だけに頼らず、お客様お一人お一人に合わせたアドバイスをお伝えすることができます。

―鑑定で特に心がけていること・気をつけていることはなんですか？

お客様に寄り添い、その方の考えや価値観を否定しないということを大切にしています。時には「苦労している自分が好き、苦労していると人から評価されるから苦しいほうがいい」というような考えの方もいらっしゃいますが、苦労している自分が心地いいなら、その考えで今は大丈夫ですよという風にお伝えしています。お一人お一人がその方のベストなタイミングで自分の足で人生を歩んでいけるよう、動けず困っている人の背中をポンと押せるような存在でありたいと思っています。

―鑑定現場のプロとして、初めて鑑定で相談をしようとしている方へのアドバイスをお願いします。

サロンへお越しになる前に、悩んでいる事や望んでいる事などを紙に書きだして、箇条書きにしたメモをお持ちいただくことをおすすめします。話しているうちにどんどん脱線してしまって、本当は何を聞きたいのか分からなくなってしまうと、限られた時間を有効に使うことができないまま終わってしまいます。そうならないためにも、事前にご自身の心の中を書き出してまとめていただくと、本当は自分はどうしたいのか整理することができ、心の優先順位にも気づくことができますよ。

―一言でいって、先生にとって「占い」とはどのようなものですか？

困ったときなどに頼ることで、人生が彩り豊かになるものだと思っています。くよくよと悩む時間を過ごすより、ほんの数パーセントでも占いなどを取り入れることで、物事への解決のスピードが速くなったり、急に目の前が開けたり、心が軽くなっていける素晴らしいものだと思います。占いを体験したことがなく怪しいと否定している方も、困った時に気軽に頼ってみると解決の糸口が見つかると思うので、多くの方に占いを選択肢の一つとして持っていていただきたいと思っています。

場所／徳島市応神町古川字戎子野99-5　古山ハイツパート1-102号　**鑑定の申込方法**／ホームページお問い合わせフォーム
電話／088-635-6652　**WEB**／https://www.aroon.jp

097

高知県

天童春樹

てんどう・はるき

昭和22年8月19日申の刻、現在の高知県高知市大津甲999番地に生まれる。16歳で運命学に出会い、専門書を取り寄せて研究を始める。19歳の時に中村文聡先生の紹介で「八木観相塾」の末席を汚す。以来、運命鑑定と研究を重ねて現在に至る。高知市帯屋町の街頭での鑑定、自宅での予約鑑定、通信鑑定、出張鑑定に応じ、随時「天童観相塾」を主催して、人相術と簡明易占の普及に努めている。

【主な占術】人相術・易占（周易）

—先生の占い師への経緯（占いとの出会い）をお聞かせください。

高校1年生の時、友人が同級生の手を見ながらアレコレ言っているのに興味を持ち、その友人に本を借りて読んだのが占いとの出会いです。読んだ時に手相の不思議に触れて虜となり、手相以外の専門書も読んで勉強し、街頭での占い師になると決めました。鑑定の上手下手は有名無名に関係がないことを知ったのも、良かったですね。

—先生の得意な占術はなんですか？

人相術と易占（周易）です。幼い頃から周りの人のいろいろな出来事を見てきました。「なぜ顔が人それぞれ違うのだろう」とか「なぜ歳を取るのだろう」と不思議でした。気持ちが変われば人相が変化することを見てきましたので、自然に人相術に興味を持ったのです。また、易占には人相術にはない不思議な魅力があります。もちろん占いの手段ではありますが、陰と陽で運命の原理を悟れるからです。

—鑑定で特に心がけていること・気をつけていることはなんですか？

「黙って座れば運命鑑定」と「開運指南」が私の看板。黙って座ってもらって、見せられるだけ見せてもらって、「質問があればどうぞ」というのが鑑定の流れです。お客さんの質問に答えるだけでは駄目なんです。お客さんが知らない思いもよらない災難などを見逃すからです。それと、運命を鑑定すると同時に開運法を伝えることを忘れません。

—鑑定現場のプロとして、初めて鑑定で相談をしようとしている方へのアドバイスをお願いします。

どのような鑑定家と縁があるかも本人の運命ですが、鑑定料が極端に高い鑑定家は避けた方が良いでしょう。有名無名も鑑定家の実力と人柄には関係がありません。開運と金額の高低も関係がありません。何事も身の丈で解決できます。それと、鑑定を受ける時には、鑑定家の言うことを素直に聞くことですね。遠慮なく質問もし、問題への対処法、開運法を聞くことも忘れないようにしましょう。

—今まで、鑑定で体験した不思議なこと、感動したことはありますか？

お客が急に別人のような声になったり、身体が動かなくなったり、急に楽になったり、眼を震わせたりいろいろありますが、それは理由（大抵は霊的現象）があってのことですから、別に不思議ではありません。感動するのは、お客さんの人相と運命が霧が晴れるように、内から良くなることですね。スッキリして迷わなくなれば、人相も運命もスッキリです。

—一言でいって、先生にとって「占い」とはどのようなものですか？

占いは「道しるべ」であり、幸せになるための方便です。迷わなければおおいに結構ですが、迷った時には独りで悩まず、占い師の言うことにも耳を傾けて幸せになっていただきたい。できる範囲で良いから、ご恩返しの真似事でも良いから、心から親を大切にし、ご先祖を敬い、世間様や天地一切全ての恩に感謝する。そういう生き方ができるように、道案内をする手段が占いであり、占い師の役目だと思っています。

SIGN

TAROT

FORTUNE

ASTROLOGY

場所／高知市大津甲999番地（昼）、高知市帯屋町の街頭（夜）　**鑑定の申込方法**／電話にて
電話／090-7780-8353

098

高知県

Jagna

じゃぐな

タロットカードを用いた対面鑑定やインターネットでのオンライン鑑定に加え、神奈川県のFMラジオや高知県内のフリーペーパーにて毎月の星座占いを監修。その他にも、国家資格キャリアコンサルタント、産業カウンセラー、マナー講師として、転職やメンタル相談の支援にも従事している。スピリチュアルに偏りすぎない現実的な鑑定、カウンセリングで幅広い層から支持されている。

【主な占術】タロット・西洋占星術・九星気学など

―先生の占い師への経緯（占いとの出会い）をお聞かせください。

大学生の頃、父からアレクサンドリア木星王さんのタロットカードをもらったことがきっかけです。それまで、タロットカードにほとんど興味もなく触ったこともありませんでしたが、そこからタロット占いを実際に受けたり、友人に練習相手になってもらいながら、独学で学んでいきました。当時、大学で心理学の授業もいくつか履修しており、心理学とタロットが深く関連付けられるように感じ、時間をかけて身につけていきました。

―先生の得意な占術はなんですか？

基本的にはタロットカードですが、その補足として西洋占星術なども使います。タロットカードでは人の心の動きをみることができるので、あらゆる相談に適しています。性格の傾向をみるには占星術も適しています。ひとつの占術では偏りが出てしまう可能性もあるため、できるだけあらゆる角度から考察できるようにしています。タロット以外の占術を使っても、タロットで出したこととほぼ同じ結果が出たりするので、面白いですね。

―鑑定で特に心がけていること・気をつけていることはなんですか？

常にお客様により良い選択をしていただけるよう、あらゆる角度からアドバイスをしています。お客様の不安を煽るようなやり方では、占い師として信頼はしていただけません。いつも冷静に客観的視点で鑑定をし、お客様にもしっかりと理解していただけるように、明確な説明を心がけています。様々なお客様がいらっしゃるため、できる限りそれぞれの方に合わせた説明ができるよう努めています。

―鑑定現場のプロとして、初めて鑑定で相談をしようとしている方へのアドバイスをお願いします。

信頼できる占い師をしっかりと選ぶことが大切です。不安を煽ったり、非科学的なことで片づけようとする占い師はやめた方が良いでしょう。見えないもののせいにすることは誰にでもできます。現状を変えて行くためには、まずは自分の行動を変えることが大切。教養や知識がある占い師なら必要な行動を的確にアドバイスしてくれます。また、あまりにもメンタルが不安定になっている時に初めて鑑定を受ける場合は、占い師をしっかり選ぶようにしてください。できれば冷静な判断ができる時に、頼れる占い師を見つけておくことが望ましいでしょう。

―一言でいって、先生にとって「占い」とはどのようなものですか？

占いとは「より良い選択のためのツール」です。タロットに関して言いますと、カードがお客様の未来を決めるのではなく、あくまでお客様自身の傾向から予測できる未来をカードが見せてくれているのです。この方の傾向だと、数か月後にはこういう決断を下すだろうという予測をカードが出してくれます。それが好ましくない未来であれば、その手前で行動を変えることによって、結果を少しでも変えることは可能です。望む未来を手にすることができるよう、上手に占いを活用していただきたいです。

場所／高知市新本町2丁目17-3「タロット占い風花」店　（ココナラ、その他SNSのメッセージでも対応可）

鑑定の申込方法／GoogleMAPやInstagramにて営業時間をご確認の上、直接来

Instagram／jagna1022

099

高知県

志乃煌泰

しの・こうたい

幼少期、人生１人目の師匠である、父が起業し大成功を収め、その生き様を学ぶ。自らも30代で起業し、全国各地を駆け巡り、人生２人目の師匠と出会い、成功哲学を学ぶ。順調満帆の中、40代でパニック障害を発症し、10年間ひきこもりとなり全てを失い、どん底を味わう。50代、マイナスからのスタートで、３人目の師匠、子平館の梅川泰輝先生に出会い、四柱推命学を学ぶ。現在60代で宿命鑑定と四柱推命学講座に励みながら、心技体が学べる学院を起業するという、壮大な夢を抱きつつ現在に至る。

【主な占術】四柱推命

—先生の得意な占術はなんですか？

得意な占術は四柱推命です。四柱推命では、人となりは勿論ですが、自分の生き方の癖等、自分の人生の全体像や、選択の癖が、しっかり見えてきます。どう生きていくのがベストなのか、どの選択をすると人生がより良いものになっていくのか。これらを正確に読み解くと、キチンと今後の方向性を示してくれるという点で、とても優れた占術なのです。

—鑑定で特に心がけていること・気をつけていることはなんですか？

四柱推命学は、東洋占術の帝王と言われるほど、難解な学問ですので、私自信のコンディションがベストの時に鑑定しないと、事象の見落としや、間違いがあっては、お客様の人生に関わる事だと肝に銘じております。そのため、一意専心で鑑定する為にも、日ごろから心身ともに私自身安定したコンディションを保てるよう心掛けております。また、四柱推命は、正確な生年月日と生まれた時間が揃わないと正確な鑑定が出来ません。生時不明だと三柱推命になるからです。もちろん、三柱でも鑑定は出来ますが、生まれた時間によっては、全く別人の鑑定になる可能性があるため、生時不明の宿命鑑定は、お断りしております。

—鑑定現場のプロとして、初めて鑑定で相談をしようとしている方へのアドバイスをお願いします。

占い師や鑑定師によって、個々のスタイルや得意分野があります。私は、失くした財布は何処に？とか、霊障では？というような占術は持ち合わせていないため、そういう時には、師である天童先生をご紹介させて頂いております。またアドバイスはいらないから、同調だけして欲しい場合や、良い事だけ言ってほしい等のアゲ鑑定は私の場合は不得意な分野になりますので、少し辛口な鑑定になるかもしれません。ですが、ご縁を頂いた皆様には、より良い人生を歩んで欲しいと本気で願っています。アゲ鑑定も自信喪失している時には、勇気をもらえますので、何が良くて、何が悪いのではなく、お客様が求めている事を得意としている占い師をいかに見つける事が出来るかが鍵になると思います。

—一言でいって、先生にとって「占い」とはどのようなものですか？

「占い」というと「当てる」事を要としますが「四柱推命」は、少し違っていて、より良い人生設計をしていく為の、先人達の知恵の集大成であり、また現在も検証されながら、進化し続けている学問だと、私は思っています。ですから、人生の羅針盤のようなものです。人生という大海原は、晴天の航海日和の時ばかりではなく、悪天候の時もあるように、どんな人でも、良い事ばかりでなく、いろんな困難が待ち受けています。そんな中、いかに大難を小難に、小難を無難に乗り越えながら、どう人生を謳歌していくのか、そして最期は「良い人生だった。ありがとう。」と皆に感謝が言えるような、そんな人生の選択をするための、沢山あるツールの中の1つが「四柱推命」であると私は考えています。

場所／1.高知県高知市日の出町、2.愛媛県松山市山西町　**鑑定の申込方法**／電話またはLINE
電話／090-3188-1150　**LINE**／s.kotai　**WEB**／https://ameblo.jp/shino-kotai

100

鳥取県

智子《ともこ》

祖父、母親と三代に亘って占い師が続く神社の家系に生まれる。幼少の頃より霊感が強く、占いの師匠である母親から手ほどきを受けて才能を磨く。タロットやルノルマンカードなどのカード占いから、占星術、数秘術など複数の占術を組み合わせた独自のスタイルを確立。現在、山陰両県の他、大阪や東京での鑑定を行い、年間延べ千人の鑑定を行っている。

【主な占術】心魂術・タロット・ルノルマンカード・占星術・数理術

—先生の占い師への経緯（占いとの出会い）をお聞かせください。

母が占い師だったため、幼いころからタロットカードや占いに関する専門書籍などが身近にあり、見よう見まねでカードの占いごっこをしているうちに、母に才能を見出されて少しずつ修行を重ねていきました。

—先生の得意な占術はなんですか？

私にとって、タロットやルノルマンなどのカード占術は、鑑定依頼者の心の扉を開く重要な役割を果たしています。ただし、最も得意とする占術はと言えば「見えない世界の解釈」、すなわち「霊感」です。さらに言えば、その霊感を補強するために編み出した「心魂術」となります。心魂術とは、占星術、数理術、四柱推命などの占術を組み合わせたオリジナルの占術です。

—鑑定で特に心がけていること・気をつけていることはなんですか？

上から目線で話したり、何事も決め付けたような言葉使いはしないことです。ネガティブな感情に支配された相談者であっても、努めてその人の良い面を引き出すように語りかけることを心がけています。ただし、相談者の意に沿うだけの「アゲ鑑定」は行いません。また、占いは目に見えない世界を扱う科学だと思っています。私に見えること、感じることを素直に相手に伝え、鑑定者と相談者が一緒になって問題を解決していく。これが私のポリシーです。

—鑑定現場のプロとして、初めて鑑定で相談をしようとしている方へのアドバイスをお願いします。

とにかくリラックスしてほしいと思います。人は緊張すると言葉を選んでしまい、本音を隠してしまいがちになります。心を静かに落ち着け、素直な気持ちで鑑定に臨んでいただけたらと思います。

また、少し細かいアドバイスになりますが、初めて鑑定を受ける際には、母子手帳などで、自分が産まれた場所と時刻を確認しておいて下さい。鑑定をする際にはとても大切な情報になりますよ。

—今まで、鑑定で体験した不思議なこと、感動したことはありますか？

特に感動するのは、恋愛相談の鑑定からその後結婚まで発展し、子どもができたのでその子の名前をつけて欲しいと依頼されることですね。その子がすくすくと成長している報告をもらうと、我が子のように愛おしくなるものです。同じようなことに、芸能界を目指したいと相談に来られた学生さんが、その後プロダクションのオーディションに合格し、ぜひ芸名をつけて欲しいと依頼されるのも嬉しいものです。

—一言でいって、先生にとって「占い」とはどのようなものですか？

この世と見えない世界を繋ぐツールだと思います。見えない世界とは、未だやって来ない未来の出来事であったり、気になる人の心の中であったりします。見えない世界を知りたいということは、複雑奇怪な無限のパズルを組み立てるようなものです。しかし、パズルのピースを最適な方法で一つ一つ埋めていき、真実に近づこうとする作業が、占星術やタロットなどの占術だと思っています。

場所／鳥取県境港市小篠津町5849-6-202　**鑑定の申込方法**／公式LINE（グループ鑑定師の申込みも受付可能）
LINE ID／https://lin.ee/1hlyx9z　**メール**／coa.official111@gmail.com

『占い師100選』選考委員会事務局

運営会社	株式会社トゥースタイル
選考委員長	布施宏
選考委員兼ライター	探女純子
ライター	荻野まひろ
ディレクター	箱谷至桜
選考協力	黒門先生
	てんしょうもえ先生
	天童春樹先生

●本書に関する問い合わせは下記ホームページよりお願いします。
http://uranaishi100sen.com/recommend/

占《うらな》い師《し》100選《せん》

2023年12月28日　初版発行

発行者　高木利幸
発行所　株式会社　説話社
〒102-0074　東京都千代田区九段南1-5-6　りそな九段ビル5階
デザイン　遠藤亜矢子
印刷·製本　株式会社光邦

ISBN 978-4-910924-12-0 C2011